（唐）釋道宣　撰

宋思溪藏本廣弘明集

第五册

國家圖書館出版社

第五册目録

廣弘明集　才十三

四百七十七　亦三

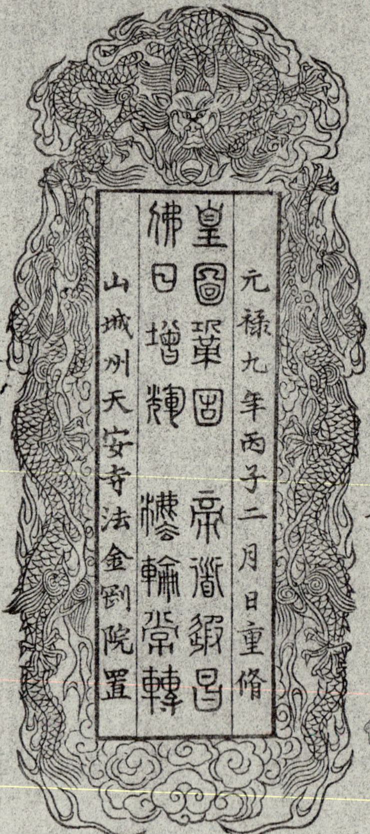
元禄九年丙子二月日重脩
皇圖鞏固　帝道遐昌
佛日增輝　法輪常轉
山城州天安寺法金剛院置

廣弘明集卷第十三

大唐釋　道宣　撰

辨惑篇第二之九

辨正論十喻九箴篇　釋法琳

十喻篇上　荅李道士十異論

有黃巾李仲卿學謝管窺智慙信度矜白鳥之翼望駭嵩華負爝火之光爭輝日月乃作十異九迷貶量至聖余慨其無識念彼何辜聊爲十喻曉之九箴誡之用指諸掌庶明達君子詳茲而改正焉

外一異曰　太上老君託神玄妙玉女剖左腋而生釋迦牟尼寄胎摩耶夫

人開右脇而生

内一喻曰

老君逆常託牧女而左出

世尊順化因聖母而右生

開士曰案盧景裕戴詵韋處玄等集解五千文及梁元帝周弘政等考義類云太上有四謂三皇及堯舜是也言上古有此大德之君臨萬民之上故云太上也郭莊云時之所賢者爲君材不稱世者爲臣老子非帝非皇不在四種之限有何典據輒稱太上耶撿道家玄妙及中台朱韜玉札等經幷出塞記云老是理母所生不云有玄妙玉女既非正說尤假謬談也仙人玉籙云仙人無妻玉女無夫

雖受女形畢竟不産若有茲瑞誠曰可嘉何爲史記無文周書不載求虛責實信矯妄者之言乎

禮云退官無位者左遷論語云左衽者非禮也若以左勝右者道士行道何不左旋而還右轉耶國之詔書皆云如右竝順天之常也

外二異曰　老君垂訓開不生不滅之長生釋迦設敎示不滅不生之永滅

内二喻曰　李耼禀質有生有滅畏患生之生反招白首釋迦垂象示滅示生歸寂滅之滅乃耀金軀

開士曰老子云貴大患莫若有身使吾無身吾有何患患之所由莫若身矣老子既患有身欲求無惱未免頭白與世不殊若言長生何因早死

外三異曰　老君應生出茲東夏
　　　　　釋迦降迹挺彼西戎

内三諭曰　重耳誕形居東周之苦縣能仁
　　　　　降迹出中夏之神州

開士曰智度論云千千重數故曰三千二過復千故曰大千迦維羅衛居其中也婁炭經曰葱河以東名爲震旦以日初出耀於東隅故得名也諸佛出世皆在中州不生邊邑邊邑

若生地爲之傾案法苑傳高僧傳永初記等云宋何承天與智嚴法師共爭邊中法師云中天竺地夏至之日日正中時竪晷無影漢國影臺至期立表猶餘陰在依筭經天上一寸地下千里何乃悟焉中邊始定約事爲論中天竺國則地之中心方別巨海五萬餘里若准此土東約海濱便可震旦本自居東迦維未肯爲西其理驗矣

外四異曰

老君文王之日爲隆周之宗師
釋迦莊王之時爲罽賓之教主

內四喩曰

伯陽職處小臣忝充藏吏不在文王之日亦非隆周之師

牟尼位居太子身證特尊當昭
王之盛年爲閻浮之教主
開士曰前漢書云孔子爲上上流是聖老子爲中上流是賢何晏王弼云老未及聖二教論云柱史在朝本非諧贊出周入秦爲尹言道無闡諸侯不見天子若爲周師史無明證不符正説其可得乎案史記王儉百家譜云李者高陽之後始祖咎繇爲舜理官因遂氏焉李氏之興起於耼也自耼之前未有李姓唯氏理焉以樹下生乃稱李氏老子之子名宗仕魏文侯蓋春秋之末六國時人也文王之世既無李姓何得有耼出爲周師年代參

差無的依據抱朴云出文王世紀康皇甫謐
並生殺末者蓋指道之僞文非國典所載
外五異曰　老君降迹周王之代三隱三顯
五百餘年
釋迦應生胡國之時一滅一生
壽唯八十
內五喻曰　李氏三隱三顯既無的據可依
假令五百許年猶慙龜鶴之壽
法王一滅一生示現微塵之容
八十年閒開誘恒沙之衆
開士曰撿諸史正典無三隱三顯出沒之文
唯𢧵虢諸𢩳等考義例云爲孔說仁義禮樂之

本爲一時赦王之世千室以疾病致感老君受百八十戒并太平經一百七十篇爲二時至漢安帝時授張天師正一明威之教于時自稱周之柱史爲太上所遣爲三時也夫應形設教必藉有緣觀化度人皆資徒衆豈可五百年間全無弟子三出三隱不見門人禀學親承杳然河漢烏有之說委巷所傳在周劣駕小車驢垂絲髮來漢即能簫鼓雲萃雨從干寶搜神未聞其說齊諧異記不載斯靈撫臆論心詭妄尤甚

外六異曰　老君降世始自周文之日訖乎孔丘之時

釋迦下生肇於淨飯之家當我
莊王之世
内六喻曰
迦葉生桓王丁夘之歲終景王壬午之年雖
訖孔丘之時不出姬昌之世
調御誕昭王甲寅之年終穆王壬申之歲是
爲淨飯之胤本出莊王之前
開士曰孔子至周見老聃而問禮焉史記具
顯爲文王師則無典證出於周末其事可尋
若在周初史文不載又撿周禮官儀文武成康
之世並無柱史藏吏之名當是正品闕條周
末小吏耳

外七異曰　老君初生周代晚適流沙不惻
　所終莫知方所
　釋迦生於西國終彼提河弟子
　搥胷羣胡大叫

內七喻曰
老子生於賴鄉葬於槐里詳乎秦佚之弔責
在遁天之形
瞿曇出彼王宮隱玆鶴樹傳乎漢明之世秘
在蘭臺之書
開士曰莊子內篇云老聃死秦佚弔之三號
而出弟子怪問非夫子之徒歟秦佚曰向吾
入見少者哭之如哭父老者哭之如哭其子

古者謂之遁天之形始以爲其人也而今非也遁者隱也天者免縛也形者身也言始以老子爲免縛隱形之仙今則非也嗟其諂曲取人之情故不免死非我友也

外八異曰

老君蹈五把十美眉方口雙柱參漏日角月懸此中國聖人之相

釋迦鼻如金鋌眼類井星精若青蓮頭生螺髮此西域佛陁之相

內八喻曰

李老美眉方口蓋是長者之徵蹈五把十未爲聖人之相

婆伽聚日融金之色既彰希有之徵萬字千輻之奇誠標聖人之相

開士曰老子中胎等經云老耼黃色廣顙長耳大目踈齒厚脣手把十字文文脚蹈二五之畫止是人間之異相非聖者之奇姿也傳記並云老子鼻隆薄頭尖口高齒踈眼脥耳擿鬚蒼黧色厚脣長耳其狀如此豈比佛耶如來身長丈六方正不傾圓光七尺照諸幽冥頂有肉髮其髮紺青耳覆垂埵目視開明師子頰車七合網盈口四十齒方白齊平舌能掩面蓮華葉形手内外握掌文皆成其語雷震八種音聲匈上萬字足輪千縈色融紫磨

相好難名具三十二八十種禎放一光而地
獄休息演一法使苦痛安寧備列衆經不煩
委指

外九異曰

老君設教敬讓威儀自依中夏釋迦制法恭
肅儀容還遵外國

内九喻曰

老是俗人官居末品衣冠拜伏自奉朝章
佛爲聖主道與俗乖服貌威儀豈同凡制

開士曰昔丹陽余玖興撰明眞論以駁道士
出其僞妄詳彼論焉言巾褐之服正是古日
儒墨之所服也在昔五帝鹿巾許由皮冠並

俗者之服耳褐身長三丈六尺有三百六十
寸言法一歲三十六旬或象一年三百六十
日也褐前有二帶言法陰陽兩判巾之兩角
又法二儀余氏又云若周泰二世即以夏之
十月爲年至於分度盈縮曆運折除復焉得
三百六十數耶考堯舜周孔不爲此服尋黃
帝之遇皇人九眞之靈又降帝嚳至夏禹開
塗鍾二山之藏窮此等服曾無據焉案周有
赤雀之徵且感丹書之瑞旣符火德世服朱
衣老是周人兼陪末吏冠屨拜伏自奉恒儀
即曰治頭本名鬼卒黃巾赤籙不効伯陽祝
水行符親師張氏非道非俗祖習誰風

外十異曰　老君之教以復孝慈爲德本
釋迦之法以捨親戚爲行先
内十喻曰　老訓枉勃殺二親爲行先
釋教仁慈濟四生爲德本
開士曰汝化胡經言喜欲從耼耼曰若有至
心隨我去者當斬汝父母妻子七人頭者乃
可去耳喜乃至心便自斬父母七人將頭到
耼前便成七猪頭夫順天地之道者行已不
傷和氣者孝也丁蘭感通於朽木董永孝致
於天女禽獸猶有母子而知親況耼喜行道
於天下斬其父母何名孝乎戮其妻子豈謂
慈乎

內十喻荅外十異

內從生有勝劣第一　立敎有淺深二
德位有高卑三　化緣有廣陜四
壽夭有延促五　化迹有先後六
遷謝有顯晦七　相好有少多八
威儀有同異九　法門有頓漸十

外從生左右異一

外論曰聖人應迹異彼凡夫或乘龍象以處胎作開脇腋而出世雖復無關兩氣非假二親至於左右之殊其優劣之異一也

內從生有勝劣

內喻曰左衽者則戎狄所尊右命者爲中華

所尚故春秋云冢卿無命介卿有之不亦左
乎史記云藺相如功大位在廉頗右頗耻之
又云張儀相右秦而左魏犀首相右韓而左
魏蓋云不便也禮云左道亂羣殺之豈非右
優而左劣也皇甫謐高士傳云老子楚之相
人家于渦水之陰師事常樅子及常子有疾
耳往問疾焉嵇康云李耳從涓子學九仙之
術檢太史公等衆書不云老子剖左腋生旣
無正出不可承信明矣驗知揮戈操翰蓋文
武之先五氣三光寔陰陽之首是以釋門右
轉且符人用張陵左道信逆天常何者釋迦
起無緣之慈應有機之召語其迹也則行滿

三祇相圓百劫降神而乘玉象掩爗而誕金姿三十二祥休徵開於地府一十八梵禎瑞駭於天官靈相周於十方神光顯乎八極述其本也久證圓明塵沙莫能筭其壽早登寂照虛空無以量其體豈唯就攀枝而偉瑞徵白首而効祥猶瑩光與龍燭競輝魚目共蚍珠並曜尒道之劣一也

外教門生滅異二

外論曰夫等無生滅其理則均導世弭凡不無差異但生者物之所以欣滅者物之所以惡然則生道難得必俟修功滅法易求詎勞稟學是知騰神駕景自可積劫身存氣盡形

殂固當一時神逝此教門之殊二也
内立教有淺深
内喻曰夫滅身以懼大患絶智以避長勞議
生靈於懸疣齊泯性於王樂蓋老莊之談也
且綿綿常住古皇則不死不終繩繩無名老
氏則復歸無物然常存非永没之稱無物豈
長生之化耶抑復明其淺深至如保弱守雌
之文虛心實腹之論審浮生之有量嗟智水
之無涯語大則局在域中陶鈞則不出性分
蓋其志也豈與夫大覺開無窮之緣挺圓極
之照測微則窮乎絶隙究理則控在無方美
氣與氤氳共和神軀同太虛比固語其量也

猶嵩華與培塿殊峻滇㵐將坎井異深介道
之劣二也
外方位東西異三
外論曰夫東西二方自有陰陽之别左右兩
位便成仁義之殊仁唯長善陽又通生義主
裁成陰論肅殺二氣爲教則陰不及陽五德
爲言則仁深義淺此方位之殊三也
彈曰乾爲陽爲父位在西北坤爲陰爲母卜
之西南北方盛陰之鄉便爲中男之位南方
盛陽之地翻成中女之居男女旣無定方陰
陽不均恒準所以木賊土故以己爲甲妻金
尅木故以乙爲庚妻乾旣位高乃居西北震

能出帝復在東方至如禮席若南北鋪之即以西方爲上言順乾尊也東西烈之即以南方爲上言逐陽盛優劣自見此之謂歟
内德位有髙卑
内諭曰夫金夫木妻陰陽孰可永執离南坎北男女匪有定方所以子午以東爲陽者取男女生於東方也子午以西爲陰者言父母老於西方也此則從生老以判陰陽非尊卑以言勝劣假令父母在西未應卑子男女在東豈敢尊父仁非義則不成義非仁則不養所以子午以東仁也父西義也隨處立準無惑大方苟啇判於所生所拘限於封域者亦

當西羌大禹所出以仁汎之德頓虛東夷文王所生裁成之教永鈇吞江納漢非湫隘之陋居浮渭據涇無帝皇之神宅前折邪次歎正夫釋氏者天上地下分然居其尊三界六道卓尒推其妙加以小學二乘之侶大心五品之倫譬衆星之拱北辰若金山之麗碧海足令鹿頭象面屈矯抗之心六異十仙伸伏膺之禮何止挫徐甲於庸夫導尹喜於關吏稟學於牙齒之際高士傳曰常松子因張其口老子曰將非謂齒剛而亡舌柔而存常子曰盡矣收名於藏史之間乎尒道之劣三也

外適化華夷異四

外論曰夫華夷禮隔尊卑著自典墳邊正道乖勝負存乎史册戎狄之主不許僭号稱王楚越之君故自貶之爲子豈可獯鬻之小匠疋我天王之大師此華夷之異四也

内化緣有廣狹

内喻曰案道德序云老子修道自隱以無名爲務周衰出關二篇之教乃作然周書典謨無老氏所製案二教論云五千文者容成所説老爲尹談蓋述而不作也又職唯藏吏位非阿衡隆周之師將非烏有前折邪次歎正釋迦降神羅衛託質王宮智寶生知道唯遍覺演慧明於百億敷法雲於大千靈澤周於

十方神化覃於四表崇崖峻壁之典龍居象負之文蓋溢於玆矣雖弘羊潛計之術莫能紀其纖芥鄒衍談天之論無以議其涓滴豈夫章詮八十文列五千而已哉恨子未窺牆仞致有武叔之毀亦復何傷日月故多念其不知耳尒道之劣四也

外稟生夭壽異五

外論曰夫老君道契環中與虛空而等量神超象外隨變化而無窮所以壽命固不同凡隱顯居然異俗

釋迦生涯有限壽乃促期一滅不能再生彈

曰老子既云長生今日在何郡縣乎八十何

期危脆此壽夭之異五也
內壽夭有延促五
內喻曰序云懷於李氏處胎八十一年蓋太
陽之數壽一百六十年處胎已過其半三變
五百將非假稱珍怪太史公以爲楚老萊子
及周太史儋皆老子也或言二百三十年或
一百六十歲皇甫謐云諸子之書近爲難信
唯秦佚弔焉老死信矣世人見谷神不死是
以玄牝故好事者遂假託焉神仙傳云鬱華
子錄回子傳豫子太成子赤精子武成子尹
壽子眞行子錫射子及邑先生等並是老身
者止見碎書不出神仙正經未可據用也夫

有天地則有道術道術之士何時暫乏豈獨
常是一老子也皆由晚學之徒好奇尚異苟
欲推崇老子使之無限淺見道士欲以老子
爲神異使後世學者信之故爲詭説耳誠哉
斯言可爲鑒矣夫妙樂資三德乃成法身爲
五分所立是以生滅頓遣圓覺之性乃彰空
有兼融靈儀之妙攸在故得形超視聽之表
名息情塵之外湛然常樂文系之所未詮凝
尒圓明言象之所莫測雖西王桃實屢熟而
靡延東海桑田數變而非永五雲九轉悲繩
鳥之暫留飛雪玄霜比遊駒以難固信終墯
無大椿之久蜉蝣罕龜鶴之年尒道之劣五也

外從生前後異六
外論曰道佛二經各陳其說或言劫劫出世
競事無先或代代出生爭陳久遠此之眇邈
難取證知今依傳史定其時代人倫而語則
老尊而少卑鄉黨爲言亦長兄而幼弟此先
後之異六也

內化迹有先後
內喻曰釋誕隆周之初老生姬季之末論年
二百餘祀語世一十餘王紫氣青牛弗在昭
莊之世神光白象非關桓景之年然而洞霧
昏天濁流翳地文仲逆祀孔子非其不智子
禽毀聖賜也譏其失言言黜難磨駟不及舌

誠不虛也前折愚後嘆聖夫俯迹應凡託質於危脆蹈機化物同壽於百年故果扃因脩信相由茲起感齡促化廣慈氏以故發疑巨嶽非衡石所量譬壽久而猶邈玄靈非丈尺所辨方劫遠而無窮豈如蛇穴求仙飜其天世蜆纓待藥未且延齡盡騰鷃共鵬翼偶高馳鶩與驥足爭遠尒道之劣六也

外遷神返寂異七

外論曰老君初誕之日既不同凡晦迹之時詎當殊世所以西没流沙途經函谷青牛出境紫氣浮天不測始終莫知方域釋迦抱危疾於舍衛告殞命於雙林燒柩焚屍還同胡

法氣盡神謝曾不異凡此去世之異七也
内遷謝有顯晦、
内喻曰序云託形李氏之胎示人有始終之
義豈非生滅耶即莊生所云老聃死秦佚弔之
是也而生依賴鄉死就槐里始終莫測何其
譬哉前折邪後嘆正 夫大慈化圓德滿緣謝
機亡仁舟溺於兩河慧日沉於雙樹其六天
八國之位法儔聖衆之倫且雹合而風馳既
雲委而霧集靈齒瑞骨昭勝福於殊方紺髮
紅爪顯神功於絕代是知莫來莫往弘濟之
德美焉非顯非晦聲華之風盛矣豈同鼎湖
亡返嶠山之冢獨存流沙不歸扶風之隴空

樹皇覽云黃帝冢在嶠山老子冢扶風介道
之劣七也
外賢聖相好異八
外論曰夫聖人妙相本異凡夫或八彩雙瞳
河目海口龍顏鶴步反宇奇毫至如卷髮綠
睛夷人之本狀高鼻深目胡子之常形豈可
疋我聖人用爲奇相若事佛得此報者中國
士女翻作胡形此相好之異八也
內相好有多少
內喻曰聖人相質無常隨方顯妙是以虵軀
龍首之聖道穆於上皇雙瞳四乳之君德昭
於中古周公反握猶騏驥之一毛禹耳齊肩

乃崑山之片玉前釋疑後歎正夫法身等於
如如無方理絶稱謂化體由乎應物妙質可
涉名言故有白毫紺睫之輝果脣花目之麗
萬字千輻之相日輪月彩之殊非色妙色之
容離相具相之體薄拘有而不具輪王具而
不明薩遮經云非色生性勝諸相百福勝
八十種妙勝莊嚴佛日身譬如三千大千世
界四生衆生並成輪王更增百倍始就如來
一毛功德復加百倍始成一好功德復加百
倍始成一相功德復加百倍始成眉間白毫
相功德復加百倍始成一無見頂相復加百
倍始成蠡髻功德仙人覩而自悲嗟衰葉之

且暮梵志見而興感歎靈華之罕逢何止蹈五把十以標奇蒙䫜斷椔以顯異曹植相論云孔子面如蒙䫜周公形如斷緇也豈陽文與駭蒐比麗孟陬與儱廉競妍介道之劣八也

外中表威儀異九

外論曰老教容止威儀拜伏揖讓玄巾黃褐持笏曳履復法象表明蓋華夏之古制禪曰道士元來本著儒服不異俗人至周武世始有橫帔二十四縫以應陰陽二十四氣也出自人情亦無典據也釋訓袈裟左衽偏袒右肩全幅橫縵之裙半片倚支之服禿鬟露頂狗踞狐蹲非預人倫寔戎狄之風也豈用茲形

制足我威儀此容服之異九也

内威儀有同異

内喻曰玉珮金貂莫施於樵野荷衣蕙帶弗踐於王庭故應器非靈廟所陳染衣異朝宗之服故乘於道者或順機而軌物據於德者或矯時而訓世是以翦髮文身仲尼稱太伯之善反常合道詩人美棠棣之華況將反性澄神隔凡踐聖而不異其容服未之有也故使衣像福田器纔難量絲桐弗惑於耳朱紫無眩於目輕肥罔狎其體勢競莫駭其心故經云羅漢者眞人也聲色不能污榮位不能動何必鶡冠雀弁反拘自縛磕齒噓氣而稱

道哉登木求魚去之弥遠挐船待釣何其鄙
夫介道之劣九也
外設規逆順異十
外論曰老君作範唯孝唯忠救世度人極慈
極愛是以聲教永傳百王不改玄風長被万
古無差所以治國治家常然楷式釋教棄義
棄親不仁不孝闍王殺父翻説無愆調達射
兄無聞得罪以此導凡更爲長惡用斯範世
何能生善此逆順之異十也
内法門有漸頓
内喻曰義乃道德所卑禮生忠信之薄瑣仁
譏於在婦大孝存乎不遺然對因歌笑乖中

夏之容臨喪扣盆非華俗之訓原壤母死騎
棺而歌孔子助祭弗譏子桑死子貢弔四子
相視而笑莊子妻死扣盆而歌故教之以孝
所以敬天下之爲人父也敎之以忠敬天下
之爲人君也化周萬國乃明辟之至仁形于
四海實聖王之巨孝佛經言識體輪迴六趣
無非父母生死變易三界孰辨怨親又言無
明覆慧眼來往生死中往來多所作更互爲
父子怨數爲知識知識數爲怨是以沙門捨
俗趣眞均庶類於天屬遺榮即道等含氣於
已親行普止之心等普親之意且道尚淸虛
尒重恩愛法貴平等尒簡怨親豈非惑也勢

競遺親文史明事齊桓楚穆此其流焉欲以訾聖豈不謬哉佘道之劣十也

九箴篇下　答九迷論

周世無機一　建造像塔二

威儀器服三　棄耕分衛四

敎爲治本五　忠孝靡違六

三寶無翻七　異方同制八

老身非佛九

外論曰夫言者非尚於華辭貴在中理歌者非尚於清響貴資合節佛經如來說法之時諸國天子普來集聽或放光明遍大千土但釋迦在世之日當我周朝史冊所書固無遺

徧未聞天王詣彼葱嶺豈於中華之帝無善
不預道場邊鄙之君有緣普沾法座光明所
照則衆生離苦而此土何辜偏無人悟獨隔
恩外曾不見聞仰度能仁不容私簡彈曰汝
無見佛業有謗聖愆何得怨神誰須自咎也
求心責實事舛言乖詭妄皎然足稱虛僞凡
夫莫悟逐影吠聲而世不能知其迷一也
内周世無機指一
内箴曰夫淳犧麗天矇瞍莫鑒其色震霆駭
地聾夫弗聆其響者蓋機感之絶也作暴兒
跖孔智無以過其心結憤野夫賜辯莫能䜌
其忿亦情性之舛也 莊子云孔子見盜跖盜

距反責孔子孔子懼逡巡而退劉子云孔子
馬侵野人之苗野人怒止其馬孔子使子貢
悦解焉野人逾忿乃遣馬圉者辭焉野人乃
悦也故道合則萬里懸應勢乖則肝膽楚越
況無始結曠惱愛與滄海校深有爲業廣塵
勞將巨岳爭峻群情不能頓至故導之以積
漸衆行不可備修故策之以限分猶天地三
化始合於自然老云人法地地法天天法道
齊魯再變乃臻於至道密雲導於時雨堅氷
創於履霜皆漸積之謂也故二皇統化須弥
四域經云應聲菩薩爲伏犧吉祥菩薩爲女
媧居淳風之初三聖立言空寂所問經云迦

葉爲老子儒童爲孔子光淨爲顔回興已淳之末玄靈沖一之旨黄老盛其談詩書禮樂之文周孔隆其教明謙守質乃登聖之階梯三畏五常爲人天之由漸蓋冥符於佛理非正辨之極談猶訪道於瘖聾靡方而莫窮遠迹問津於兎馬知濟而不測淺深因斯而談般周之世非釋教所宜行也猶炎威赫耀童子不能正目而視迅雷奮擊懦夫不能張耳而聽是以河池涌泛昭王懼於誕神雲電變色穆后欣其亡聖周書異記云昭王二十四年四月八日江河泉池悉皆泛漲穆王五十二年二月十五日暴風卒起樹木摧折天陰

雲黑有白虹之怪豈能超葱河而稟化踰雪嶺而效誠淨名云是盲者過非日月咎適欲窮其鑿竅之辨恐傷吾子混沌之情非尒所知其盲一也

外論曰夫銅山崩洛鍾應葭灰缺月暈虧未見彪嘯而風不生龍騰而雲不起今釋迦所說佛力最尊一念運心無不來應故凡俗各傾財產競造塔廟不悋珠璣爭陳堂宇或鞱土刻檀寫獯胡之狀鎔金織素代夷狄之容妙盡丹青巧窮剞劂一拜一禮冀望感通自胡法南漸已來六百餘載未聞一人言能見佛豈胡人頂禮即值如來漢國虔恭不逢調

御若化不到此即是無靈誑惑人間空談感
力而世不能知其迷二也
内建造像塔指二
内箴曰尤徵慕聖刻像而拜軒皇勾踐恩賢
鎔金而模范蠡丁蘭允孝剖剛以代親顏在
資仁彩璧而圖聖故使憂喜形乎容色精誠
通乎夢寐亦其至矣豈如忉利不還優塡以
玆鏤木堅林晦影阿輸於是鑄金託妙相於
丹青寄靈儀於銑鋈或覩眞避坐寫貌迴軀
感應傳云揚州長干寺有育王像人欲模寫
寺僧恐損金色不許造像主乃至心發願若
精誠有感乞像轉身西向於是瑣閉高閣明

且開視像身兜巳西向遂許圖之神應不窮
由來尚矣自像流東被正化南移夕夢金人
河浮玉馬神光導於湘水瑞彩發於檀溪感
應傳云廬陵發蒙寺育王像記云像身出廬
陵三曲瑞光燄出湘州昭潭並放光明照曜
崖岸武昌檀溪寺瑞像身出檀溪光映水上
長沙標聚日之姿廬岳顯融金之質其事廣
焉略而言矣如干寶搜神臨川宣驗及徵應
冥祥幽明錄感應傳等自漢明巳下訖于齊
梁王公守牧清信士女及比丘比丘尼等冥
感至聖目覩神光者凡二百餘人至如見迹
萬山浮輝滬瀆清臺之下覩滿月之容雍門

之外觀相輪之影南平獲應於瑞像文宣感
夢於聖牙蕭后一鑄而剋成宋皇四模而不
就其例甚衆不可具陳豈以尒之無目而斥
彼之有靈哉然德無不備者謂之爲涅槃道
無不通者名之爲菩提智無不周者稱之爲
佛陁以此漢語譯彼梵言則彼此之佛昭然

可信也何以明之夫佛陁者漢言大覺也菩
提者漢言大道也涅槃者漢言無爲也而吾
子終日踐菩提之地不知大道即菩提之異
号也稟形大覺之境未閑大覺即佛陁之譯
名也故莊周云且有大覺者而後知其大夢
也郭注覺者聖人也言患在懷者皆未悟丘

與尒皆夢也注云夫子與子游未能忘言而神解故非大覺也君子曰孔丘之談茲亦盡矣涅槃寂照不可識識不可智知則言語斷而心行滅故忘言也法身乃三點四德之所成蕭然無累故稱解脱此其神解而患息也夫子雖聖遥以推功於佛何者案劉向古舊二録云佛經流於中夏一百五十年後老子方說五千文然而周之與老並見佛經所說言教往往可驗故子有言曰夫易者無爲也無思也寂然不動感而遂通非天下之至神其孰能與於此余今提耳語子當捨其積迷而荷其晚悟也支提之製其流蓋遠夫且封

且樹比干以忠勁顯墳勿翦勿伐展季以清
貞禁壟四民懷於十善緬邈輪王之恩三界
尊於六通照旌羅漢之德 正法念經四種人
得樹偷婆漢言冢謂輪王羅漢辟支如來也
況智周十力德滿四弘妙辯契於忘言能垂
訓於不測大明窮於勿照乃賜燭於無幽故
有香炭金瓶全身遍乎八國光螺鮮貝散體
周於十方乍五色凝輝旋空彰於漢世八彩
分耀神應顯於吳宮亦其百鏡靈龕千華妙
塔掌承雲露鐸韻高風紫柱紅梁遥浮空界
翔鶤跂鳳遠接靈方盡壯麗之容窮輪奐之
美豈夫高山仰止不忘景行崇表峻闕標樹

鴻猷而已哉無以欄氂之辯識滄海之廣陿榆枋之智測崑閬之高卑乎而汝莫知其首二也

外論曰夫禮義成德之妙訓忠孝立身之行本末見臣民失禮其國可存子孫不孝而家可立今瞿曇制法必令衣同胡服即是人中之師口誦夷言便爲世間之貴致使無賴之徒因斯勃逆箕踞父兄之上自号桑門傲慢君王之前乃稱釋種不仁不孝已著于家無禮無恭復形于國彈曰禮云子冠父親醮之毋親拜之所爲處高可亦無禮無孝也斯則門門出梟鏡之子人人養豺狼之兒撫臆論心

良可痛矣天道無親華夷詎隔唯德是輔豈分胡漢豈可戴中修善偏無勝福秃頂行檀獨能感果仁惠豈可俟髡頭守眞無勞毀形貌而世不能知其迷三也

内威儀器服指三

内箴曰夫玄聖創典以因果爲宗素王陳訓以名教爲本名教存乎治成因果期乎道立立道旣捨愛居首成治亦忠孝宜先二義天殊安可同日而言也沙門者乃行超俗表心遊塵外威儀進趣非法不動容服應器非道不行故泥染乃萬質同歸緇衣爲衆彩壞色簡易遵於解脱絛隔象於福田偏服示有執

勞禮云執者祖鈇袂便於運役論語云褻裘長短右袂言便於執作聖制有以終不徒然是以捨愛捐親仰衆聖也摧棄聲色遵梵行也剃除鬚髮去華競也依容肅質不忘敬也分衛掃衣支身命也言無隱曲離邪佞也和聲怡氣入無諍也吐納安詳慎詞令也世貴莫屈守貞勁也清虛恬淡順道性也邪相不撓任八正也顔下色敬愍衆病也人天崇仰三葉淨也窮玄極眞取究竟也廣仁弘濟亦忠孝之盛也道士則不然言慕道而心不染眞謂捨家而形不變俗戴圓冠無玄象之鑒履方屨闕地理之明著南鄭亥漢之巾把公

旗誅家之笏飾道昰禍宋之服曳孫恩敗晉
之裳生常之業莫廢庸疑之役無耻押世則
忠孝之禮虧求仙則高尚之道缺猶蒼蠅招
白黑之論蝙蝠有鳥鼠之譏蓋妖惑之儔矣
尒不自見其盲三也正法念經云譬如蝙蝠
人捕鳥時入穴為鼠人捕鼠時出穴為鳥今
之祭酒蓋然畜妻子謂有慈愛勤耕稼謂不
毁髮庸王役課調則謂出家亦猶蝙蝠之出入
外論曰夫聖人應世本以濟益蒼生仰觀俯
察利安群品是以味草木合五穀之精植桑
柘充八蠶之纊故垂衣裳存稼穡立稷正置
司衣以利百姓於是乎在若一女不織天下

爲之苦寒一男不耕天下爲之少食今釋迦垂法不織不耕經無絕粒之法田空耕稼之夫教闕轉練之方業廢機紝之婦是知持盂震錫糊口誰憑左袒偏衣於何取託故當一歲之中飢寒揔至未聞利益已見困窮世不能知其迷四也

内棄耕分衞指四

内箴曰謀道不先於食守信必後於飢是以桀溺矜耕孔子譬諸禽獸樊須學稼仲尼譏於小人稷下無位而招禄高其賢也黔婁非仕而獲賜其尚清也善人之道何必耕稼吾請言之釋教驗於因果該三世之洪源仙道

尚於金玉勞一生之虛費何者夫賢愚壽夭信于指掌貧富貴賤昭於目前報應則形影無差業緣亦聲響不異此其指也未見服丹不死餌液長生古詩云服食求神仙多爲藥所誤不如飲美酒被服紈與素寄語後世人道士愼莫作言虛棄功夫浪殀年壽也汝有轉練之方何因更請田地又談織絍之婦必知並畜妻房故應道士專耕女冠勤織何爲莫充糊口恒闕資身如其不織不耕即隨貧處窮見樓觀黃巾脫麤皮而藉地玄都鬼卒捨橫帔而偶耕既無絶粒之人頗勳客作之倦自春自磨餧在其中勞形怵心何道之有

尋漢安元年歲在壬午道士張陵分黃書之男女有和合之法三五七九交接之道其道眞決在於丹田丹田玉門也唯以禁秘爲急不許泄於道路道路溺孔也呼爲師友父母臭根之名又云女兒未嫁者十四已上有決明之道故注五千文云道可道者謂朝食美也非常道者謂暮成屎也兩者同出而異名謂人根出溺溺出精也玄之又玄者謂鼻與口也陵美此術子孫三世相繼行之汝法如是穢亂生民君勸百姓依汝法行則不孝不恭世出豺狼之種無禮無義家生梟鏡之兒明矣夫辯奇貨者採驪珠不忘九迴之深求

華璞者追藍琰無憚三襲之險貴其寶也慕
至道者窺其户牖輕勢利於鴻毛入其隩隅
忽榮位於脱屣重其眞也故能使倦夫不愛
其力貪客不悋其財蓋希冥益非其迷也至
若仙術誕妄源流久矣韓終徐福始詐於秦
邦文成五利紹僞於漢國叙控鶴弗克陵雲
之實言餐霞莫覩療飢之信致有猱猨蜃蛤
之論曹植辨道論云仙人者黨猱猨之屬與
世人得道化爲仙人夫雉入海化爲蛤鷰入
海化爲蜃當其徘徊其翼差池其羽猶自識
也忽然自投神化體變乃更爲魚鱉豈復識
翻翔林薄巢垣屋之娛乎牛哀病而爲虎逢

其兄而噬之若此者何貴於變化耶繫風捕影之談故棄實瓠者以非器也廢石由者以難藝也賤左道者以虛僞也蓋檢實則積其所同究虛則集其所異理符則世重情詭則物違故常事耳豈曰迷乎卑道尊佛不亦可矣而弗自知介盲四也

外論曰夫國以民爲本本固則邦寧是以賜及育子之門恩流孕婦之室故子孫享祀世載不虧雖至孝毀躬不令絶嗣故得國家富彊天下昌盛未聞人民凋盡家國可存今佛教即不妻不娶名爲奉法唯事早逝号得涅槃既闕長生之方又無不死之術斯一世之

中家國空矣俗人雖欲求福不知形命已殘
競慕家安豈覺宗禋夂滅可謂畏死而服苟
吻懼溺而赴長河且天皇地皇之世無佛而
祚延後趙後魏已來有僧而運促正由眞僞
混雜禮樂不調世不能知其迷五也

内教爲治本指五

内箴曰夫澄神反性入道之要門絶情棄欲
登聖之遐本故云道高者尚德弘者賞以道
傳神以德授聖神聖相傳是謂良嗣塞道之
源伐德之根此謂無後非云棄欲爲無後也
子不聞乎昔何尚之言釋氏之化無所不可
諒入道之教源誠濟俗之稱首夫行一善則

去一惡去一惡則息一刑一刑息於家則萬刑息於國故知五戒十善爲正治之本矣又五戒修而惡趣滅十善暢而人天滋人天滋則正化隆惡趣衰而災害殄正法念經云人不持戒諸天減少阿脩羅盛善龍無力惡龍有力惡龍有力則降霜雹非時暴風疾雨五穀不登疾病競起人民飢饉互相殘害若人持戒多諸天增足威光修羅減少惡龍無力善龍有力善龍有力風雨順時四氣和暢甘雨時降穀稔豐登人民安樂兵戎戢息疾疫不行猶屏薪去草益重而難彰絶燄息煨績微而易顯且彊骨弱氣李叟之至談實髓愛

精仙家之奧旨今反謂姪欲爲妙訓妻子爲化源宗老而毀其言斅仙而棄其術且愛犬馬者貴其識恩嫉梟鏡者惡其反噬尓則警夜代勞功劣於犬馬逆鮮反舌疊深於梟鏡雄虺九首不其然乎載鬼一車吁可畏也且運祚脩短雖曰天命興替延促抑亦人符故堯舜禹湯咸享嘉壽桀紂幽厲無終永年姬發履道而齡長嬴政刑淫而祚短陳思論昔堯舜禹湯文武周召太公並享百年之壽七聖三賢並行道修政治天下不足損神賢宰一國不足勞思是以各盡其元年桀放鳴條紂無牧野犬戎殺幽厲王不終周祚八百秦

滅於二世此時本無佛僧謩誥在日非曰虛
談豈無佛而祚延有僧而運局談何容易談
何容易惜哉吾子自貽伊戚良足歎矣昏若
夜遊介盲五也
外論曰夫孝爲德本人倫所先莫大之宗固
惟恃怙昊天之諱豈曰能酬故生盡溫凊之
恭終備墳陵之禮今佛垂訓必令棄介骸骨
指兹草野多出財賄營我塔廟還使愚夫惑
亂廢兹典禮考妣棺柩曾無封樹之心彈曰
觀夫上皇之世不行殯葬之禮始於聖周窀
穸之事故有縢緘桂櫝瓦棬虞棺皆起於中
古也暨周文之日以骸骨暴露於野因收而

藏之始行葬禮故云葬者藏也欲人之所不見是以夫子病篤門人欲厚葬之孔子聞曰吾其欺天乎當選不毛之地不封不樹唯棘唯欒言俯同末世行於葬禮蓋未能免俗也戎狄屍靈翻盡雕莊之妙且神不享非其族物不祀非其先不敬其親而敬他人其此謂矣且水葬火葬風俗不同埋死露屍鄉邦本異捨己徇他用爲求福豈知土壤斯異各自而然世不能知其迷六也

内箴忠孝無違指六

内箴曰導啞聾者必俯仰而指撝啓愚滯者亦提耳而舉掌夫人倫本於孝敬孝敬資於

生成故云非父母不生非聖人不立非聖人者無法非孝者無親此則生成之義通師親之情顯故顏回死顏路請子之車孔子云回也視余猶父余不得視回猶子蓋其義也且愛敬之禮異容不出於二理賢愚之性殊品無越於三階故生則孝養無違死則葬祭以禮此禮制之異也小孝用力中孝用勞大孝不匱此性分之殊也比夫釋教其義存焉至如灑血焚軀之流寳塔仁祠之禮亦敬始慎終之謂也暨於輪王八萬釋主三千

阿育王經云王殺八万四千宫人夜聞宫中有哭聲王悔爲起八万四千塔今此震旦亦

有在者釋提桓因天下造三千偷婆
竭溟海而求珠浮康衢而徙石蓋力也揔羣
生爲己任等含氣於天屬栖遑有漏之壤負
荷無賴之儔蓋勞心也迴軒寶相之域凝神
寂照之場指泥洹而長歸乘法身而遐覽斯
不遺之道也暨乃母氏降天剖金棺而演句
父王即世執寶床而送終智度論云淨飯王
終佛自執繩床一脚至闍維處示於後世一
切衆生報生養之恩孝敬表儀兹亦備矣教
棄骸骨從何而至哉且經勸屍陁普施飛走
意存宿債冀免將來不若莊周非末代厚葬
失禮之本而云螻蟻何親禽獸何疎生既以

身爲逆旅死當以天地爲棺槨還依上古不許埋藏嫌物輕生重死之弊也求仙道者或負笈從師擔簦遠岳披蘿緝蕙鳥申熊班金竈罕成玉華難覩凝髓化骨空致斯談載蜺憑螭未覩其實或捐骸地胇喪骨天台生闕蒸養之恩死無冥益之利劍心危於庶物邪網挂於群生九族延毀正之殃六親招罔聖之業攀危據朽諒足寒心傲然不懼何愚之甚尒盲六也

外論曰夫華夷語韻不同然佛經稱釋迦牟尼者此是胡語此土翻譯乃曰能儒能儒之名位卑周孔胡没其能儒之劣名而存釋迦

之戎号所言阿耨多羅三藐三菩提者漢言
阿無也耨多羅上也三藐三正遍知也菩提
道也此土先有無上正眞之道老莊之教胡
法無以爲異故不翻譯又菩薩摩訶薩者漢
言大善心衆生此名下劣非爲上士掩其鄙
稱亦莫有翻凡不譯之流其例如是矇覆世
俗惑亂物心然猒舊尚新流蕩之常弊惡同
好異恒俗之鄙情是以邯鄲有匍匐之賓弱
喪有忘歸之客世不能知其迷七也
內三寶無翻指七
內箴曰夫名無得一物蓋謂實賓豈以順世
假談格玄聖之優劣夫荀家以首召賢仲氏

將山製名山高於丘仲仁未弭夫子首摠於
耳苟德不逮老聃能儒之名何容遂卑周孔
然釋迦之号義含多種遍能貫於萬德不可
以仁偏訓通仁絕於四句安得將能定翻述
者事不得巳强復存其舊号耳又言道家舊
有正信遍知道與菩提不異者信是正教流
後僞竊此名覈實尋源豈得斯号夫上法高
勝道義淸通正實翻邪眞由叏僞今符書呪
咀不可謂正薰猶混雜不可謂眞道士畏鬼
章符云左佩太極章右帶昆吾鐵指日即停
輝擬鬼千里血造黃神越章殺鬼又造赤章
法亦殺人守雌羡下非名爲上老云莫若守

雌又云道性近水鉗口膠目安得稱道莊子云膠離朱之目鉗揚墨之口猶春鳥轉弄或似於歌鳥無能歌之實秋虫蠹木或近於字虫闕解字之眞名實斯濫蓋此之謂也又疑菩薩不翻茲謬益甚書云上聖達於鴻螟皆有虫稱經言多足二足如來最尊然蜫蟄通於含靈衆生豈越凡聖大心之稱非爲下劣子雖洗垢求疵無損南威之麗捧心斆疾未變西施之姸當更爲尒陳其指掌釋迦是佛顯名菩提是法尊稱菩薩爲僧導首三寶勝号譯人存其本名非如朱門玉柱之讖陽父陰母之謡黃書云開命門抱眞人嬰迴龍虎

戴三五七九天羅地網開朱門進玉柱陽思
陰母曰如玉陰思陽父手摩捉号馬屎爲靈
薪呼口唾爲玉液呼叩齒爲天鼓咽唾爲禮
泉馬屎爲靈薪老鼠爲王璞出上清經也事
鄙而怯彰辯穢而難顯猶靈鳳以容德希覩
鼢鼠以醜懼潛形雖隱質事同媸妍異矣冥
焉不知尒盲七也

外論曰夫聖人應化隨方接引在胡則禿髮
露頂處漢則端委搢紳此華夷之常形非教
方之勝負若佛苟令去茲冠冕皂服披緇棄
我華風遠同胡俗則不能兼通冠冕便是智
力不周何謂隨方現形而爲設教苟若不能

則佛自是天竺之胡神非中華之大聖豈有禿髮之訓施於正國若漢學胡形剪髮便名事佛則應胡習漢法著巾亦爲奉道是知露頂括髮鄉俗不同嗟乎士民用爲修善可謂貴隣室之弊襘賤自家之黼黻世不能知其迷八也

内異方同制八

内箴曰夫至道應運無方聖賢乘機引物子居九夷不患其陋禹入裸國欣然解裳姬伯適越而文身武靈順世而胡服雖復筌蹄異用而魚兎之功齊矣況變俗緘心毀形結土去簪纓以會道棄鬚髮以修眞聖制不徒其

有致矣但仁義變於三遊盜跖資於五善聖
敎綿遠終使鼠璞濫名劉子云周人謂死鼠
爲玉璞玄化幽微遂令雞鳳混質文心云楚
人以山雞爲鳳故九十五種騰翥於西戎三
十六部淆亂於東國至如優婁佉子之論衞
世師主之經涅槃云衞世師論也吉頭夷羅
之仙火仙外道名吉波頭水仙外道名夷叔
羅末伽闍夜之道若提子斷見外道也或託
水火而要聖憑日月而斆神執四大以非因
指三業爲無報滯識將冥山等闇邪心與昧
谷同昏如斯之流西土之邪論也其次鬼笑
靈談安歌浩唱吞刀吐火駭仲卿之膚心潄

雨嘘風驚劉安之淺慮或身佩中黃之籙口
誦靈飛之符蹈金闕而遊神憑王京而洗累
若此之例東區之異學也並皆邪網覆心倒
針刺眼深持惑壍高築疑城各抱一隅迷淪
於三界爭守二見沉晦於九流識體輪迴無
明翳其住本心用浮動取相溺其長源大聖
道眼預觀隨機授藥誕質西土正教東流疾
重則親降醫王患輕則寄方遙授偏裨以翦
梟鏡重將而戮鯨鯢此亦釋門和扁之術法
王孫吳之勢也聖無二制容服義均猶清濟
濁河歸滄海而同味緑膺絳頮集須弥而共
色沖和子曰琁璣文者皆是求神仙不死之

道其次則養我今日身命駐彩延華儻至三五百年以此爲眞耳長生久視義在於斯今之道士所學之法不復以此爲念然大都上今如佛家身死神明更生勝地耳若不復貴此身者不如專心學佛道佛道營練精神日明日益甚有名理定慧之法屖然可修何勞勤苦自名道士而實是學佛家僧法耶學又不專蓋是圖龍畫虎之儔耳何不去鹿巾釋黃褐剃鬚髮染袈裟而歸依世尊耶世間道士經及行道義理則約數論而後通言採佛家經論改作道書如黃庭元陽靈寶上清等經及三皇之典新改換法華及無量壽等經而

作修心則依坐禪而望感言改坐禪之名爲思神之号上清尤高而未踰上界之域太清仙法又棄置而不論未知何法取異佛家而稱爲道士也其得意者當師佛矣子是南人躬學茅山道士沖和子之法沖和子與陶隱居常以敬重佛法爲業但逢衆僧莫不禮拜巖穴之内悉安佛像自率門徒受學之士朝夕懺悔恒讀佛經案琁璣抄文沖和所制以非當世道士不敬佛者故陶隱居答大鸞法師書云去朔耳聞音聲茲晨眼受文字或由頂禮歲積故致眞應來儀正尓整拂藤蒲採汲華水端襟儼思佇聆警錫也弟子華陽陶弘

景和南法師事佛敬僧曾無異說尒何自陷
違背本宗不義不仁罪招極法牟子論云堯
舜周孔老氏之化比之於佛猶白鹿之與麒
麟而子不能悟其盲入也
外論曰天皇九紀之前書契未作太昊六爻
之後文字乃興自尒已來漸弘載籍前賢往
聖皆著典墳揖讓干戈備陳篆冊所以左史
右史記事記詞直筆直言無矯無妄魏書外
國傳皇甫謐高士傳竝曰桑門浮圖經老子
所作彈曰浮圖經者魏略及西域傳云臨兒
國有神人名曰沙律之所傳也沙律年老髮
白常教人爲浮圖人有災禍及無子者勸行

浮啚齋戒令捨財贖愆臨覩王久無太子其妃
莫耶因祀浮啚而生太子遂名其子爲浮啚焉前
漢哀帝時秦景使月氏國王令太子口授於
景所以浮啚經教前漢早行六十三年之後
明帝方感瑞夢也考秦景傳經不云老説案
晉世道士王浮改西域傳爲明威化胡經乃
删老子流沙教胡王爲浮啚變身作佛方有
佛興蓋誣罔之極也但罽賓去此萬里已還
秦漢至今商人蕃使相繼不絶莫傳老子在
彼化胡説浮啚經及身作佛未之聞也縱使
老爲浮啚始是報恩供養舍利方顯聖德何
名誕哉袁宏後漢紀云老子入胡分身作佛

道家經誥其說甚多撿袁宏漢紀本無老子作佛之文即日朝廷博識者多豈可塞耳偷鈴指鹿爲馬何愚之甚也明威化胡等經並云胡王不信老子老子神力伏之方求悔過自髡自翦謝愆謝罪老君大慈愍其愚昧爲說權教隨機戒約皆令投陁乞食以制兇頑之心赭服偏衣用挫強梁之性割毁形貌示爲剠劓之身禁約妻房絕其勃逆之種彈曰汝以禁約妻房而爲罪者玄都會聖仍爲燕尒之坊至德清虛便是同牢之觀也既學長生汝恒對婦親慕李氏皆須養兒但李耳宗人人取婦張陵張魯世世畜妻故有男官女

宮之兩名係師嗣師之別号魏晉巳來舘中
生子陳梁之日周内養兒喚婦女爲朱門呼
丈夫爲王柱姪欲猥濁出自道家外假清靈
内專濁泄可耻之甚矣所以謂重病加於毒
藥宜令刳腹洗腸深罪約以嚴刑必須誅宗
滅嗣但此土君子夙稟道眞檢漢官儀云景
帝巳來於國學内立道舘以教學徒不許人
聞別立舘舍考梁陳齊魏之前唯以瓠盧成
經本無天尊形像案任子道論及杜氏幽求
云道無形質蓋陰陽之精也陶隱居内傳云
在茅山中立佛道二堂隔日朝禮佛堂有像
道堂無像王淳三教論云近出道士取活無

方欲人歸信乃學佛家制立形像假号天尊及左右二眞人置之道堂以憑衣食采陸修靜亦爲此形無勞秃頂本遵至訓詎假髡頭可謂身無懲疵而樂著杻械家無喪禍而念居縗絰昏虩之甚良可悲痛昔漢明感夢此法始來還令胡人立廟漢土不許遵行魏承漢軌還依舊貫石勒之日念其胡風與僧澄道人矯足毛羽避役之流競爲翦剃世不能知其迷九也

內老身非佛指九

內箴曰大夏爲衆材所成群生非一人可化故十方聖智比塵沙而不窮八萬法門傾河

海而莫測故有此聖彼聖殊方類於比肩前
佛後佛異世同於繼踵像正差降淨穢區分
懲惡勸善其流一也且周孔世訓尚無改於
百王鄒孟劇談猶垂美於千載豈容周姬一
代而三變三遷老氏一身而成道成佛即是
餘人無踐聖之理羣萌絕登道之期又先識
十異後讚一同首軸之間毀譽矛盾卷舒之
際向背參商掩目盜鍾信有斯譴夫眞僞相
形猶禾莠之相類善耘者存禾而去莠求道
者亦依眞而捨僞沙門之勝宗流久矣至如
漢帝降禮於摩騰如法本傳吳王屈節於康
會吳録云吳主問僧會佛法何以異俗答曰

爲惡於顯人得而誅之爲惡於隱鬼得而誅之易云積善餘慶詩詠求福不回雖儒俗之格言亦佛法之漸訓也曇始延魏君之席魏録云拓跋燾用崔皓之説遂滅佛法悉毁像燒經驅僧還俗始以正旦杖錫法衣立於城門門者白燾燾命斬之三刀而不傷刑者白燾燾自取佩刀又如前斫乃内始於虎圈虎閉眼伏頭燾乃試置天師圈側虎鳴吼欲噬燾乃知佛化清高黄老所不及延始上席謝之道林登晉主之床秦世道安榮參共輦趙邦澄上寵懋錦衣符書云符主出遊命安師共輦坐高僧傳云石虎号澄爲太和上衣以

錦繡每上殿勑王公等扶輦之皆道降極尊
德迴萬乘良有以也黃老之術由來不競者
費才以揃勝損躬崔皓以邪誣喪體魏書云
崔皓毁謙之勸拓跋燾滅正教燾後身發惡
疾乃誅崔毁二人姜斌以集詐徒質王浮以
造僞殃身皆驗之於耳目非取與之虛談其
崇敬也如此其疵譴也如彼夫顏閔遇於孔
門標德行之首蘇張逢於鬼谷居浮詐之先
非獨人性之優劣亦所習之眞僞也且賢佞
相濫佞泄而賢彰聖詐難分詐窮而聖顯猶
蚍床與蘗蕪類質達方者辯其容苟吻與素
華齊根曉藥者分其性是以公旦黜而還輔

孔門虛而復盈有自來矣自漢明捔試邪見
折鋒慧日凝輝法雲舒蔭姜潘捨家入道呂
焦棄僞從眞曹馬傳燈而不窮秦魏涌泉而
無竭汝言始於澄石不亦誣哉自黃老風澆
容服亦變非道非俗諠号闇人善詛善罵古
名鬼卒其救苦也則解髮繫頸以繩自縛牛
糞塗身互相鞭打其法律也若失符籙則倒
銜手板逆風掃地揚枝百束自斫自負盜奏
章也則匍匐灰獄背負水瀝出道士孫氏法儀
責罰尤重同奴隸之法罪讁銜伏比畜生之
類然釋門鍾磬集衆警時漢魏已來道家未
有金剛師子護法善神蓋佛教之所明非黃

領之先構亦効他勝範竊我聖蹤耳故顏
之推云神仙之事有金玉之費頗爲虛放華
山之下白骨如莽何有得仙之理縱使得仙
終當有死不能出世不勸汝曹學之佛家三
世之事信而有徵家業歸心勿輕慢也原去
四塵五陰剖析形有六舟三駕運載群生萬
行歸空千門入善辯才智慧豈徒七經百氏
之博哉明非堯舜周孔老莊所及故著歸心
篇以誡子弟爾不能知其盲九也
有考古通人與占衡君子觀李卿誹毀之論
閱開士辯正之談詳而議之發憤興歎欲使
邪正異轍眞僞分流定其是非以明得失冀

後進者永無疑焉
通人曰余觀造化本乎陰陽物類所生起乎
天地歷三古之世尋五聖之文不見天尊之
神亦無大道之像案靈寶九天生神章云氣
清高澄積陽成天氣結凝滓積滯成地人生
也皆由三元養育九氣經形然後生也是知
陰陽者人之本也天地者物之根也根本是
氣無别道神
君子曰道士大霄隱書無上眞書等云無上
大道君治在五十五重無極大羅天中玉京
之上七寶玄臺金床玉几仙童玉女之所侍
衛住在三十二天三界之外案神仙五岳圖

云大道天尊治大玄之都玉光之州金真之
郡天保之縣元明之鄉定志之里災所不及
靈書經云大羅是五億五萬五千五百五十
五重天之上天也五岳圖云都者覩也太上
大道道中之道神明君最守靜居太玄之都
諸天内音云天與諸仙鳴樓都之皷朝晏玉
京以樂道君推此謬談則道君是天之神明
既屬州縣則天尊復是天之民伍如佛家經
論三界之外名出生死無分段之形離色心
境何得更有寶臺玉山州郡鄉里虚妄之甚
轉復難矜但道家僞説無迹可觀習俗生常
爲日已久衆邪競叙至有不同如欲正名理

須詳悉今略出緣起隨而判之案周禮自堯
巳前未有郡縣舜巡五岳始見州名尚書禹
貢方陳州号春秋之時縣大郡小以郡屬縣
漢高巳來以縣屬郡典誥所明九州禹跡百
郡秦并是也縱有道在天上猶應解事無爲
何因戶屬鄉居與凡不異既有州縣即有官
民州牧郡守姓何名何鄉長里司誰子誰弟
並是管學道士無識黃巾不悉古今未窺經
史人間置立州縣亦言天上與世符同保僞
爲眞良可羞恥其根脉本末並如笑道論中
委出也通人曰莊周云察其始而無生也非
徒無生而本無形非徒無形而本無氣恍惚

之間變而有氣氣變而有形形變而有生人之生也氣之聚聚則爲生散則爲死故曰有無相生也萬物一也何謂一也天下一氣也推此而談無别有道高處大羅獨稱尊貴君子曰陽氣黄精經云流丹九轉結氣成精精化成神神變成人陽氣赤名曰玄丹陰氣黄名曰黄精陰陽交合二氣降精精化爲神精神凝結上於九天九天之氣下於丹田與神合凝臨於命門要須九過是爲九丹上化下凝以成於人不云别有道神能宰萬物使之生也通人曰古來名儒及河上公解五千文視之不見名曰夷者精也聽之不聞名曰希者神

也搏之不得名曰微者氣也是謂無狀之狀無物
之象故知氣體眇莽所以迎之不見其首氣
形清虛故云隨之不見其後此則叙道之夲
從氣而生所以上清經云吾生眇莽之中其
幽冥幽冥之中生乎空同空同之內生於太
無太無變化三氣明焉一氣青一氣白一氣
黃故云一生二二生三案生神章云老子以
允始三氣合而爲一是主人法體精是精靈
神是變化氣是氣象如陸簡寂藏矜顧歡孟智
周等老子義云合此三乘以成聖體又云自
然爲通相之體三氣爲別相之體檢道所宗
以氣爲夲考三氣之內有色有心既爲色心

所成未免生死之患何得稱常君子曰原道所先以氣爲體何以明之案養生服氣經云道者氣也保氣則得道得道則長存神者精也保精則神明神明則長生精者血脉之川流守骨之靈神精去則骨枯骨枯則死矣故莊周云吹欨呼吸吐故納新彭祖修之以得壽考校此而言能養和氣以致長生謂得道也通人曰縱使有道不能自生從自然出道本自然則道有所待既因他有即是無常故老子云人法地地法天天法道道法自然王弼之言天地王道並不相違故稱法也自然無稱窮極之詞道是智慧靈和之号用智不及

無智有形不及無形道是有義不及自然之
無義也
君子曰易乾鑿度云昔燧人氏仰觀斗極以
定方名庖犧因之而畫八卦黄帝受命使大
撓造甲子容成次曆數五行九宫之說自此
而興故説卦云陽取九者立天之道曰陰與
陽陰二陽一則天有三焉立地之道曰柔與
剛剛二柔一則地亦有三立人之道曰仁與
義義二仁一則人亦有三三三合九陰陽相
包以成萬物不闇别有道神處太玄都坐高
蓋天上羅三清下包三界居七英之旁出九
宫之上行神布氣造作萬物豈非惑亂陷墜

人間耶校功則業殊比跡則事異沙門旌德而靡違道士言行而多過立不刊之遐迹逮不朽之玄猷洋洋乎佛可尚也其唯釋教歟豈以坳堂小水疋馮夷大波者哉非所類矣

廣弘明集卷第十三

亦

箴 音針誠也 駭 胡買反驚也 爝火 上子約反一音雀炬火也 髲量 上悲檢反 左腋 下音亦脇上也 戴詵 下所巾反 朱韜 下音叨 出塞 下桑載反 左衽 下汝錦反衣襟也 李耼 下他甘反 豎晷 上音樹俱水反下日影也 罽賓 上居例反 咎繇 二字音高搖舜臣也 嵇康 上音兮 謚 音蜜 臧兢 上子郎反下居陵反 諸揉 下音柔辯正論作諸操七刀反 赧王 上女板反 杳然 上煙曉反 雲萃 下才遂反集也 姬昌 上居

之反丨丨周文王也秦佚之弔佚夷一反作侯誤也弔又誤作予金鋌
下亭頂反金片也作挺非千輻下音福而世尊足下有千輻輪相也廣顙下蘇
朗反丨額也眼睞下郎代反目斜視也耳擿下音摘紺青上古暗反
垂埵下丁果反耳丨頰古帖反禎音貞服貌下音皃余玫
上音虵駮必角反帝嚳下苦篤反冠屨下音句履丨也廣陿下侯
夾反窄丨藺良刃反姓也犀首上音西作犀誤謐音蜜
常縱下正作摐息容反渦水上烏和反涓子上俱玄反操翰上七
刀反持也偉瑞上羽鬼反奇也形殂下在胡反死也懸疣下于休反泯
米忍反同前繩繩市陵反隹丨也道經云丨丨兮不可名復歸於無物作澠誤也陶
鈎下俱匀反盍其上胡塔反何不也絶隙下丘逆反氤氳上音因下
紆云反丨丨氣也培塿上步口反下力斗反小阜也峻私閏反高也溟
潡下蒲没反丨丨海也立準下之尹反西羌下丘良反仁汎下芳梵反

廣也丨湫隘上子小反下於賣反小水下流也據逕下音經借号

上子念反獱鸑上兄云反下余六反比狄也典謩下莫胡反覃徒南

反及也鄄衍上側愁反下音演消滴上俱玄反墻仞下音刃一仞高

七尺老萊下音來儋丁甘反佚吊逸鈞二音玄牝下毗忍反丨丨

道之母也文系下胡計反嶷尒上宜力反遊駒下音俱丨丨飛麈也終

馗下音求一名菌也朝生暮悴大椿下丑倫反丨松蜉蝣浮由二音細飛

蠱龜鴿下胡篤反正作鶴眇邈上免小反下眉角反丨丨遠也姬季

上居之反丨丨周末也翳地上一計反危脆下取歲反巨嶽下音岳

蛇穴上虵字夭世上於小反蜆纓上魚溪反鷃音晏

丨雀鵬音朋大鳥也馳駑下音奴鈍駟也驥居異反良馬也殞

命上羽敏反云也柩音舅屍入棺曰丨瞽哉上音古盲丨也嶠山上巨

嶠反黃帝埊處卷髮上巨貟反正作鬈緑睛下音精眼珠也騏驥上音

其下居異反良馬也紺睫上古暗反青丨也下音椄目毛也盝
鬐上螺字蒙倛下音欺正作顛頭醜也斷薔下側茲反正作椔枯木也
鬷蔑上子紅反下莫結反醜人也孟陬下子侯反龐康上步
江反左袨下玄犬反正作繯丨系也横縵下莫官反倚支上或
作祇支髒衣也覆狗踞下音據狐蹲胡有二音玉珮下蒲妹反禮云
古之君子必玉珮以比德金貂下音彫獸名也秦侍中冠有左貂右蟬也樵野
上自搖反採薪者曰丨丨也蕙帶上音惠香草名棠棣二字音堂第木名也詩篇
云丨丨宴兄弟也絲桐下音同梧丨木可以為琴眩音縣惑亂皃輕肥
下旁非反輕裘肥馬謂驕逸也鶡[illegible]上胡葛反似雉之鳥雀弁下皮變反弁亦
冠也磕齒上苦墖反挈舡上苦結反宜作契苦計反刻也楷式上口買反
璅蘇果反扣盆上音口擊也莊周喪妻乃和盆而歌原壤下汝兩反人名
也母云騎棺而唱明辟下必亦反君也訾聖上音紫下毀也分衛此云

乞食舛昌軟反差也淳羲下興宜反正作曦日也曚瞍二字音蒙叟盲
夫謂之丨丨震霆下音庭雷擊也皃跖下音隻古之賊人也馬
圉下音語養馬夫也作圍非女媧下音古花同前麾許爲反
迅雷上私閏反疾也奮擊上方問反振丨懦夫上奴卧反鑿竅上音
昨下苦吊反丨穴也葭灰上音加丨葦也暈虧上音運月傍氣也下苦爲反亦
作齡丨鈌彪嘯上必休反下蘇吊反丨丨虎吟聲獯胡上兄云反亦云獯鬻

同前剞劂上居倚反下居月反雕刻之器勾踐上古侯反下音賤越王也洗
蠡下音禮忉利上音刀天名鏤木上音編雕丨也銑鋈上先典反
金也下烏篤反銀也滄瀆戶讀二音水名斥音尺毀丨也忠勁下居政反
堅也禁壟下呂勇反丘丨照旍下音精吴穹下丘弓反高天也鐸
韻上徒各反翔鵾上音祥飛也下音昆丨鵨也跂鳳上丘智反丨立也
輪煥下音喚欄甃下側瘦反砌丨也誤作梵榆枋上音俞下宜作柳音

崑閬昆浪二音有崑崙閬苑仙山之名踑踞上正作箕下音據丨丨開膝而

坐也梟鏡上古堯反下正作獍丨丨不孝之鳥獸犲狼上音柴丨丨野狗也

髡頭上音坤削髮也褻裘上音薛丨丨私服也論語云褻裘長短右袂釋云內

服須長而短右袖言人多用右手故便平執作怡氣上余之反和悅負貞勁

下居政反不撓下女巧反亂也方屨下音句屨丨也昱禍上余六反人名

下古作禍字蝙蝠二字音邊偪課調下徒吊反

桑柘下之夜反纊告況反綿也稼穡二字音嫁色同前機紝下如今反

織也振錫下先擊反左衽下汝審反襟丨桀溺上渠

列反下奴的反人名也褁下上音即黔婁上巨兼反下音摟人名也餌

液上而至反食丨也下音亦津丨紈惠官反生絹也莫作下子故反叶韻也

偶耕上正作耦並耒曰丨自春下詩容反擣也自磨下莫賀反餧正作

餧乃每反飢丨也怵心上田律反憂也泄音薛溺孔上奴吊反古作尿字

用文文作溺溺精皆同此也驪龍上音離||頷有明珠九洄下音回漩
流也華璞下延角反美玉也藍琰上郎含反|田出玉之地也下以檢反玉
也憚徒旦反懼|陝隅上烏告反下音愚屋西南角也猱猨上奴刀反
下音園蜃蛤上時忍反下古合反海|吐氣成樓蚌|餘如集注垣屋上音
園|墻也雉直里反野雞也爲虐下魚却反噬之上音逝實瓠下音
護|瓜之屬享祀響似二音宗禋下音因祭也茍吻下武粉反懼
溺下奴的反没|殄徒典反霜雹下蒲角反戢息上阻謚反綴也息
煨下烏回反績徵上子曆反斅音効反噬下音逝|
齧也警夜上音景謂大有||之勞豐許近反雄虺下許鬼反槥櫝
上旬歲反下音讀並小棺之別名上作僭非姬居之反周姓嬴政上音盈秦
姓也謩誥模告二音侍怙市戶二音韓詩云無父何怙無毋何侍昊天
上胡道反詩云哀哀父毋生我劬勞欲報之恩昊天罔極温清下七淨反凉也孝子

冬溫夏清財賄下呼每反布帛曰丨棺柩下音舅同前堲周上子吉反
夏后氏以堲周燒土葬窀穸迍夕二音埋葬也幐緘上徒登反下古咸反
封也風掩上正作瓦唯欒下郎官反柳木也徇他上詞閏反同前嗄
聾上於介反聲敗曰丨亦即瘂之別呼不匱下求位反丨乏也作遺非螻蟻
上音樓負笈下渠業反書箱也擔簦下音登丨今之傘是也緝蕙
上七入反丨續也下音惠丨帶鳥曳下羊逝反熊班上音雄獸名也下宜作板
丨挽也覯古候反見也載蜆上作戴下吾考反憑螭下丑知反地
胇下芳吠反山名絓音卦正作挂邯鄲二字音寒丹匍匐上音蒲下
蒲北反覈實上閑華反考也薰蕕上兄云反下音由董香草也蕕臭草也
鉗口上巨廉反如集自往膠目上音交往如集囀弄上知戀反蠹木
上音姤食木蟲也鷦螟上辯正論作僬子反消下莫瓶反蜫蟄上音昆細蟲也
下直立反蟲冬藏曰丨疵疾斯反痕丨斆音効讖楚禁反符丨也謠音搖

詞丨咽唾上於見反呑也王璞下疋角反臉鼠上扶問反丨丨黑色口小

者是嫣妍上尺之反也醜也妍好嫣搢紳進申二音同前皂服上作皂非

括鬆上正作鬍古活反結鬚也弊襘下尺廉反弊破也襘直裾之單衣也黼

㦸二字音甫拂天子之服也裸國上玄瓦反赤體也又魯果反姬伯上居

之反簪纓上阻參反下一盈反騰肴下之庶反飛也筲亂上戶交反雜也

婁佉下丘迦反㩟雨上音瘦丨噴爲雨也噓風上音虛吹丨也惑壍

下七焰反坑丨偏禪音畢戮鯨鯢上音六殺丨也中目京反下吾芳反丨丨

海中魚也大和扁下蒲犬反丨丨古之二醫人絳頹上音降下勑盈反丨

丨並色也赤璇璣上似宣反下居反丨丨北斗也依孱然上助連反麒

麟其隣二音仁獸也似鹿形一角六爻下戶交反卦象也纂冊上直轉反

書丨也下义陌反簡丨也謐音蜜臨倪下吾芳反月氏下音枝表宏

下惠蒴反自髡下音坤赭服上音者赤色也挫則卧反折丨剠劓

上巨京反剌面之刑也今用黥下魚至反割鼻之刑也
猥獨 上烏每反亂也
濁泄 下音薛
刳腹 上音枯破也
瓠盧 上音胡
縗經 上七雷反喪服也下徒結反孝寇也
昏憃 下竹降反愚也
矯足 上居小反舉也
繼踵 下之勇反｜足也
懲惡 上音澄誡也
鄒孟 上側愁反亦作鄹
劇談 上奇逆反加也
矛盾 上莫浮反下時尹反一是一非謂之｜｜
參商 上所今反昔高辛氏有二子不相能也后遷長子于商丘主辰星遷次子于大夏主參星也

諺 魚箭反俗｜也
禾莠 下音酉似禾之草
拓拔燾 三字音託跋盜後魏主也拓拔複姓竝燾名也
虎圈 下其卷反盛獸之檻也
欲噬 下音逝齧｜
寵懋 下莫候反美也
捔勝 上音角比也下去聲
姜斌 上音薑下彼巾反
疵譴 上疾斯反過也下丘現反責也
蘼蕪 上音眉｜｜一名江離根名芎藭是也
苟吻 下武粉反
閹人 上邑塩反內監曰｜｜
善咀 下側助反
水甌 下烏侯反
剖析 上廷口反下先擊反
凝滓 上魚陵反｜結也下

側史反丨燭也恍惚上兄往反下音忽搏之上音博持也眇莽上米
小反下毋朗反丨丨深遠之皃也吹呴下正作欱況于反燧人上音遂火
母也丨丨始自取火因以爲名庖犧上步交反下興宜反同前大撓下音鬧造
甲子之人不刊下苦寒反丨刻坳堂上烏交反地不平也馮夷上扶風反
水神名也

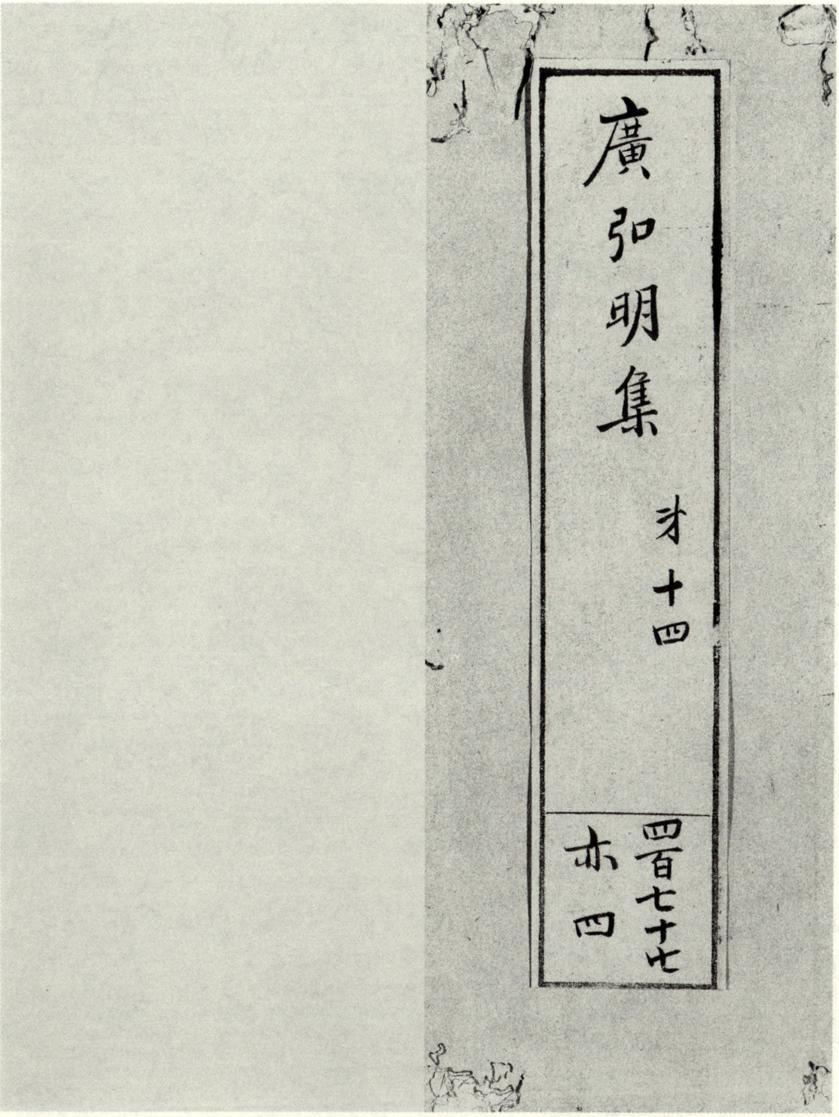
廣弘明集
才十四
四百七十七
亦四

15-1374

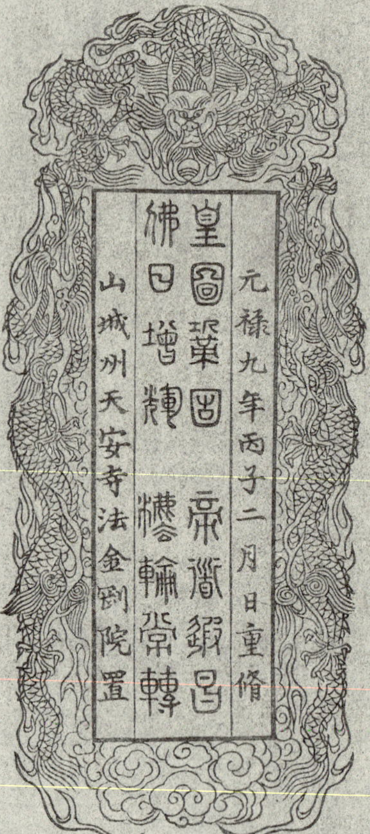

廣弘明集卷第十四　亦

大唐西明寺釋　道宣　撰

辯惑篇第二之十

内德論　門下典儀李師政

若夫十力調御運法舟於苦海三乘汲引坦夷途於火宅勸善進德之廣七經所不逮戒惡防患之深九流莫之比但窮神知化其言宏大而可驚去惑絶塵厥軌清邈而難蹈華夷士庶朝野文儒各附所安鮮味斯道自非研精以考真妄沉思而察苦空無以立匪石之信根去若網之疑蓋遠則淨名妙德弘道勝而服勤近則天親龍樹悟理真而敦悦羅

什道安之篤學究玄宗而益敬僧叡慧遠之
歸信迄晧首而弥堅邁士安之淫書甚宣尼
之翫易千金未足驚其視八音不能改其聽
聞之博而樂愈深思之深而信弥篤皆欲罷
而不能則其非妄也必矣哉我皇誕膺天命
弘濟區宇覆等蒼旻載均厚地掃氛祲清八
表救塗炭寧地民五教敬敷九功惟序揔萬
古之微猷改百王之餘弊搜羅庶善崇三寶
以津梁芟夷群惡屏四部之穢莠遵付囑之
遺旨弘紹隆之要術功德崇高昊天罔喻但
縉紳之士祖述多途各師所學異論鋒起或
謂三王無佛而年永二石有僧而政虐損化

由於奉佛益國在於廢僧苟明偏見未申通理博考興亡足證浮僞何則亡秦者胡亥時無佛而土崩興佛者漢明世有僧而國治周除佛寺而天元之祚未永隋弘釋敎而開皇之令無虐盛衰由布政治亂在庶官歸咎佛僧寔非通論且佛唯弘善不長惡於臣民戒本防非何損害于家國若人人守善家家奉戒則刑罰何得而廣禍亂無由而作騏驥雖駿不乘無以致遠藥石徒豐不餌焉能愈疾項籍喪師非范曾之無筭石氏興虐豈浮圖之不作但爲違之而暴亂未有遵之而凶虐由此觀之亦足明矣復有謂正覺爲妖神比淨

施於淫祀訾而謗之無所不至聖朝勸善立伽藍以崇福迷民起謗互功德以爲疵此深訕上非徒毀佛愚竊撫心而太息所以發憤而含毫者也忝賴皇恩預霑法雨切磋所惑積稔於兹信隨聞起疑因解滅昔嘗苟訾而不信今則篤信而無毀近推諸已廣以量人凡百輕毀而弗欽皆爲討論之未究若今探賾索隱功齊於澄什必皆深信篤敬志均於名僧矣師政學匪鈎深識不臻妙少有所聞微去其惑謹課庸短著論三篇辨惑第一明邪正之通蔽通命第二辨殃慶之倚伏空有第三破斷常之執見覈之以群言考之以衆

善上顯聖朝之淨福下析經祀之虛誹徒有斯意寔乏其才屬詞鄙陋援證庸淺雖竭愚勤何宣　聖德庶同病而未愈者聞淺譬而深悟也如蕃籬之卉或蠲疾於腹心藜藿之飡儻救餒于溝壑若金丹在目玉饌盈案顧聽菲薄良足陋矣

辨惑篇第一

佛出西胡　周孔不言
毁佛譽道　比佛妖魅
昔有叉僧　比僧土梟
譏毁鬚髮　泥種事泥
有佛政虐　巳上十惑
無佛民和

有辨聰書生謂忠正君子曰蓋聞釋迦生於天竺修多出自西胡名号無傳於周孔功德靡稱於典謨寔遠夷所尊敬非中夏之師儒

逮攝摩騰之入漢及康僧會之遊吴顯舍利於南國起招提於東都自兹厥後乃尚浮啚沙門盛洙泗之衆精舍麗王侯之居既營之于爽塏又資之以膏腴擢僭幢而曜日擬甲第而當衢王公大人助之以金帛農商富族施之以田廬其福利之焉在何尊崇之有餘也未若銷像而絶犧鑄貨泉可以無費毀經以禁繕寫筆紙不爲之貴廢僧以從編户益黍稷之餘稅壞塔以補不足廣賑恤之仁惠欲詣闕而効愚忠上書而獻斯計竊謂可以益國而利民矣吾子以爲何如乎忠正君子曰是何言之過歟非忠孝之道也夫忠臣奉國

願受福之無疆孝子安親務防災於未兆聞
多福之因緣求之如不及覩速禍之萌抾避
之若探湯國重天地之祈祈於福也家避陰
陽之忌忌於禍也福疑從取禍疑從去人之
情也忠之道焉子乃去人之所謂福取人之
所謂殃豈忠臣奉國之計非孝子安親之方
覩疋夫之自愛尚不反醫而違卜況忠臣之
愛君如何勸殃而阻福乎何異採藥物以薦
君而取農岐之所忌求醫術以奉親而反和
鵲之深致彼勸取忌而用毒良非重慎之至
意施諸己而猶懼矣矧敢安於所天乎若夫
廢宗廟之粢盛供子孫之魚肉毀蒸嘗之獻

冕充僕妾之衣服苟求惠下之恩不崇安上之福恨養親之費饍思廢養以潤屋如此者可謂忠乎可謂孝乎且夫周棄弘播殖之教遂配稷以長尊勾龍立水土之功亦爲社而恒敬坊墉小益尚祭八蜡之祭林澤微靈猶行一獻之祀況夫三達無礙之智百神無以儔

十力無等之尊千聖莫能匹万惑盡矣万德備矣梵天仰焉帝釋師焉道濟四生化通三界拔生死於輪迴示涅槃之常樂身光赫奕奪朗日之流暉形相端嚴具聖人之奇表微妙玄通周孔未足擬議博施兼濟堯舜其猶病諸等慈而無棄物可不謂之仁乎具智而有

妙覺可不謂之聖乎夫體仁聖之德者豈爲
譎誑之説哉靜而思之蔑不信矣至如立寺
功深於巨海度僧福重於高嶽法王之所明
言開士之所篤信若興之者增慶益國不亦
大乎敬之者生善利民不亦廣乎或小損而
大益豈非國之所宜崇乎或小益而大損豈
非民之所當避乎法眼明了覩福報之無量
金口信實説咎因之不朽凡百士民皆非目
見縱未能信其必尒亦何以知其不然哉冥
昧不可以意決深遠唯當以聖證豈不冀崇
之福資於君父畏毀之累及於家國乎臣無
斯愼於其君非忠臣也子無此慮於其親非

孝子也子欲苟遂娟嫉之褊心不弘忠慎之深慮阻祈福之大緣毀安上之善業乃取各之道也豈盡忠之義哉余昔篤志於儒林又措心于文苑頗同吾子之言論良由聞法之遲晚頼指南以去惑幸失途之未遠每省過而責躬則臨飡而忘飯子若博考而深討亦將悔迷而知返矣竊聞有太史令傅君者又甚余曩日之惑焉內自省於昔迷則十同其五矣請辨傅君之惑言以釋吾子之邪執傳謂佛法本出於西胡不應奉之於中國余昔同此惑焉今則悟其不然矣夫由余出自西戎輔秦穆以開霸業日磾生於北狄侍漢武

而除危害臣既有之師亦宜尒何必取其同俗而捨於異方乎師以道大爲尊無論於彼此法以善高爲勝不計於遐邇若夫尚仁爲美去欲稱高戒積惡之餘殃勸爲善以邀福百家之所同七經無以易但褊淺而未深至齷齪而不周廣其恕已及物孰與佛之弘乎其覩末知本孰與佛之遠乎其勸善懲惡孰與佛之廣乎其明空析有孰與佛之深乎由此觀之其道妙矣聖人之德何以加焉豈得以生於異域而賤其道出於遠方而棄其寶夫絶羣之駿非唯中邑之産曠世之珍不必諸華之物漢求西域之名馬魏收南海之明

珠貢犀象之牙角採翡翠之毛羽物生遠域
尚於此而爲珍道出遐方獨柰何而可棄若
藥物出於戎夷禁呪起於胡越苟可以蠲邪
而去疾豈以遠來而不用之哉夫滅三毒以
證無爲其蠲邪也大矣除八苦而致常樂其
去疾也深矣何得拘夷夏而計親疎乎況百
億日月之下三千世界之内則中在於彼域
不在於此方矣
傳謂詩書所未言以爲修多不足尚余昔同
此惑焉今又悟其不然矣夫天文曆象之秘
輿地理山川之卓詭經脉孔穴之診候針藥
符呪之方術詩書有所不載周孔未之明言

然考之吉凶而有徵矣察其行用而多効矣
且又周孔未言之物蠢蠢無窮詩書不載之
法茫茫何限信乎書不盡言言不盡意何得
拘六經之局教而背三乘之通旨哉夫能事
未興於上古聖人開務於後世故棟宇易層
巢之居文字代結繩之制飲血茹毛之饌則

先用而未珍火化粒食之功雖後作而非弊
彼用捨之先後非理敎之蔽通豈得以詩書
早播而特隆修多晚至而當替人有幼瞰藜
藿長餘粱肉少爲布衣老遇侯服豈得以藜
藿先獲謂勝粱肉之味侯服晚遇不如布衣
之貴乎万物有遷三寶常住寂然不動感而

皆遇化身示隱顯之迹法體絶興亡之數非
初誕於王宫不長逝於雙樹何得論生滅于
赴感計脩促于來去乎
傅氏譽老子而毁釋迦讃道書而非佛教余
昔同此惑焉今又悟其不然也夫釋老之爲
教體一而不二矣同蠲有欲之累俱顯無爲
之宗老氏明而未融釋典言臻其極道若果
是佛固同是而無非佛若果非道亦可非而
無是理非矛盾之異人懷向背之殊既同衆
狙之喜怒又似葉公之愛畏至如柱下道德
之旨漆園内外之篇雅奥而難加清高而可
尚竊常讀之無間然矣豈以信奉釋典而苟

訾之哉抑又論之夫生死無窮之緣報應不朽之旨釋氏之所創明黃老未之言及不知今之道書何因類於佛典論三世以勸戒出九流之軌躅若目覩而言之則同佛而等其照若耳聞而放之則師佛而遵其說同照則同不當非於師則師不可毀譽道而非佛何謬之甚哉

傳云佛是妖魅之氣寺爲淫邪之祀此其未思之言也妖唯作孽豈弘十善之化魅必憑邪寧興八正之道妖猶畏狗魅亦懼猫何以降帝釋之高心摧 天魔之巨力又女啚澄羅什之侶道安慧遠之儔高德高名非狂非醉豈容

捨愛辭榮求魑魅之邪道勤身苦節事魍魎
之妖神又自昔東漢至我
大唐代代而禁妖言處處而斷淫祀豈容捨
其財力放其士民營魑魅之堂塔入魍魎之
徒衆又有宰輔冠蓋人倫羽儀王導庾亮之
徒戴逵許詢之輩置情天人之際抗迹煙霞
之表並禀教而歸依皆厝心以崇信豈容尊
妖奉魅以自屈乎良由覩妙知真使之然耳
又傅氏之先毅字武仲高才碩學世号通人
辯顯宗之祥夢證金人之冥感釋道東被毅
有功焉竊揆傅令之才識未可齊於武仲也
何爲毁佛謗法與其先之反乎吴尚書令闞

澤對吴主孫權曰孔老二家比方佛法優劣遠矣何以言之孔老設教法天以制不敢違天諸佛説教諸天奉而行不敢違佛以此言之實非比對愚謂闞子斯論知優劣之一隅矣凡百君子可不思其言乎夫大士高僧觀於理也深矣明主賢臣謀於國也忠矣而歷代寶之以爲大訓何哉知其窮理盡性道莫之加故也傅氏覩不深於名僧思未精於前哲獨師心而背法輕絶福而興咎何其爲國謀而不忠乎爲身慮而不遠乎大覺窮神而知化深歎思患而預防唯百齡之易盡嗟五福其難常命川流而電逝業地久而天長三

塗極迷而杳杳四泒無際而茫茫憑法舟而利濟藉信翮以高翔宜轉咎而爲福何罔念而作狂也

傳云趙時梁時皆有僧叛況今天下僧尼二十万衆此又不思之言也若以昔有叛僧而廢今之法衆豈得以古有叛臣而棄今之多士隣有逆兒而逐巳之順子昔有亂民而不養今之黎庶乎夫普天之下出家之衆非雲集於一邑寔星分於九土攝之以州縣限之以關河無徵發之威權有憲章之禁約縱令五三凶險一二闡提既無緣以烏合亦何憂於蟻聚且又沙門入道豈懷亡命之謀女子

出家寧求帶鉀之用何乃混計僧尼之數雷
同梟鏡之黨構虛以亂眞蔽善而稱惡君子
有三畏豈當如是乎夫青衿有罪非關尼父
之失皂服爲非豈是釋尊之咎僧干朝憲尼
犯俗刑譬誦律而穿窬如讀禮而驕倨但以
人稟頑嚚之性而不遷於善非是經開逆亂
之源而令染於惡人不皆賢法實盡善何得因
怒惡而及善以咎人而棄法夫口談夷惠而
身行桀蹠耳聽詩禮而心存邪僻夏殷已降
何代無之豈得怒蹠而尤夷惠疾邪而廢詩
禮然則人有可誅之罪法無可廢之過但應
禁非以弘法不可以人而賤道竊篤信于妙

法不苟黨於沙門至於耘稊稗以殖嘉苗肅姦回以清大教所深願矣

傳云道人土梟驢騾四色皆是貪逆之惡種此又不思之言也夫以捨俗修道故稱道人學道離貪何名貪逆若云貪菩提道逆生死流則傳子興言未達斯旨觀沙門之律行也行人所不能行止人所不能止具諸釋典可得而究蠕動之物猶不加害況爲梟鏡之事乎嫁娶之禮尚捨不爲況爲禽獸之行乎何乃引離欲之上人定聚塵之下物校有道之賢俊比無知之驢騾毀大慈之善衆媲不祥之惡鳥謂道人爲逆種以梵行比獸心害善

一何甚乎反白爲黒頓如此乎
余昔每引孝經之中不毁傷以譏沙門之去鬚髮謂其反先王之道失忠孝之義今則悟其不然矣若夫事君親而盡節雖殺身而稱仁虧忠孝而偷存徒全膚而非義論美見危而致命禮防臨難而苟免何得一槩而訶毁傷雷同而顧膚髮割股納肝傷則甚矣剃鬚落髮毁乃微焉立忠不顧其命論者莫之咎求道不愛其毛何獨以爲過湯恤蒸民尚焚軀以祈澤墨敦兼愛欲磨足而至頂況夫上爲君父深求福利鬚髮之毁何足顧哉且夫聖人之教有殊途而同歸君子之道或反經而合義

則太伯其人也廢在家之就養託採藥而不歸棄中國之服章依剪髮以爲飾反經悖禮莫甚於斯然而仲尼稱之曰太伯其謂至德矣其故何也雖迹背君親而心忠於家國形虧百越而德全乎三讓故太伯弃衣冠之制而無損於至德則沙門捨搢紳之容亦何傷乎妙道雖易服改貌違臣子之常儀而信道歸心願君親之多福苦其身意修出家之衆善遺其君父以歷劫之深慶其爲忠孝不亦多乎謂善沙門爲不忠未之信矣

傳又云西域胡人因泥而生是以便事泥瓦此又未思之言也夫崇立靈像模寫尊形所

用多塗非獨泥瓦或彫或鑄則以鐵木金銅圖之繡之亦在丹青縑素復謂西域士女徧從此物而生乎且又中國之廟以木爲主則謂制禮君子皆從木而育耶親不可忘故爲之宗廟佛不可忘故立其形像以表罔極之心用伸如在之敬欽聖仰德何失之有哉夫以善爲過者故亦以惡爲功矣

傳又云帝王無佛則國治年長有佛則政虐祚短此又未思之言也則謂能仁設教皆闡淫虐之風菩薩立言專弘桀紂之事以實論之殊不然矣夫殷喪大寶災興妲己之言周失諸侯禍由褒姒之笑三代之亡皆此物也

三乘之教豈斯尚乎佛之為道慈悲喜護齊物我而等怨親與安樂而救危苦古之所以得其民者佛既弘之矣民之所以逃其上者經甚戒之矣羲軒舜禹之德在六度而包籠羿浞癸辛之咎摠十惡以防禁向使桀弘少欲之教紂順大慈之道伊呂無以用其謀湯武焉得行其討可使鳴條免去國之禍牧野息倒戈之亂夏后從洛汭之歌楚子違乾溪之難然則釋氏之化為益非小延福祚於無窮遏危亡於未兆傳謂有之為損無之為益是何言歟是何言歟與佛何讎而誣之至此佛何所負而疾之若讎乎

傳又云未有佛法之前人皆淳和世無篡逆此又未思之言也夫九黎亂德豈非無佛之年三苗逆命非當有法之後夏殷之季何有淳和春秋之時寧無篡逆弑賊姦宄作士命於臯繇玁狁孔熾薄伐勞於吉甫而傳謂佛興篡逆法敗淳和專構虛言皆違實錄一縷之盜佛猶戒之豈長篡逆之亂乎一言之競佛亦防之何敗淳和之道乎惟佛之爲教也勸臣以忠勸子以孝勸國以治勸家以和弘善示天堂之樂懲非顯地獄之苦不唯一字以爲褒貶豈止五刑而作戒乃謂傷和而長亂不亦誣謗之甚哉亦何傷於佛日乎但自

淪於苦海矣輕而不避良可悲夫於是書生心伏而色愧避席而謝曰僕以習俗生常違道自佚忽於所未究翫其所先述背正法而異論受邪言以同失今聞佛智之玄遠乃知釋教之忠實豁然神悟而理攄足以蕩逆而袪疾雖從邪於昔歲請歸正於茲日謹誦來誡以爲口實矣

内德論通命篇第二

或曰聖人陳福以勸善示禍以戒惡小人謂善無益而不爲謂惡無傷而不悔然有殃有福之言乃華而不實無益無傷之論則信而有徵何以言之也伯夷餧矣啓期貧矣顔回

夭矣冉耕疾矣或俊俊隆富言罕及於義方
或皤皤壽考名不稱而殁世仁而不壽富而
未仁書契已陳不可勝紀故知仲尼殃慶之
言徒欺人耳文命影響之喻殆難信乎有敦
善行而不怠者嗟斯言之長惑焉乃論而釋
之曰夫殃福蓋有其根不可無因而妄致善
惡當收其報必非失應而徒已但根深而報
遠耳目之所不該原始而究終儒墨之所莫
逮故隨遭之命度於天而難詳殀壽之年考
於人而易惑人之爲賞罰也尚能明察而不濫
天之降殃福也豈反淆亂而無倫哉故知有
理存焉不可誣矣非夫大覺而遍知者孰能

窮理而除惑哉卜商賈誼之爲言班虎李康之著論但知混而謂之命莫辨命之所以然何異見黍稷於倉廩而不知得之由稼穡覩羅紈於篋笥而未識成之以機杼馬遷嗟報施之爽積疑而莫之通范滂惑善惡之宜含憤而無以釋皆觀流而弗尋源見一而不知二唯觀釋氏之經論可以究其始終乎爲善爲惡之報窮枝派於千葉一厚一薄之命照根源於万古辨六趣之往來示三世之殃福乃知形殁而業無朽焉人死而神又生焉或賢聖而受宿殃六通乏適口之饍或禽獸而荷餘福四足懷如意之寶爲業既非一緒感

報寔亦千變業各異而隨心報不同其如面
也原其心也或先迷而後復或有初而無終
或惡恒而罔悔或善粹而常祟或爲功而兼
咎或福微而慧隆或罪均而情異或功殊而
志同故其報也有先號而後笑有既得而患
失有少賤而卒凶有始榮而終吉有操潔而
年夭有行鄙而財溢有同罪而殊刑有齊德
而異秩業多端而交加果遍酬而縷悉譬如
畫工布丹青之彩鏡像應妍媸之質命招六
印達季子之遊談業引万金果朱公之計術
取青紫如俯拾有昔因之助焉達禮樂而固
窮無宿福之資也讀論者繼踵而張文獨享

其榮誂詩者比肩而匡鼎偏高其位或功勤可記而禄不及於命介推或咎隙當陳而爵先加於雍齒韋賢經術遠勝黃金之匱趙壹文籍不如盈囊之錢此豈功業之異哉故由宿命之殊耳或材小而任大宰衡無赫赫之功或道著而身微孔墨有栖栖之辱亦有德位俱顯元凱列唐虞之朝才命並隆傅呂受鹽梅之寄二因雙殖則兼之也如此一葉孤修則其偏也若彼管仲釋囚而登相李斯爲相而被刑范雎先辱而後榮鄧通始富而終餧非初訥而末辯豈昔愚而今智由果熟而泰來以福盡而迍及若言敗伍胥者宰嚭也

非由昔殃濟張倉者王陵也何關往福此爲見緣而不知因有斷見之咎矣若言業縻好爵不念同昇之恩命偶仁風無愧來蘇之澤此爲知因而不識緣有背恩之罪矣若兼達其旨兩遺其累進德修業豈有關乎春種嘉穀方賴夏雨以繁滋宿植良因乃藉今緣而起發受膏澤而荒蕪不墾之地也遇明時而貧賤無因之士也因緣之旨具諸經論觸途而長皆此類焉若唯見其一不會其二咎累之萌傷其德矣觀釋典之所明也白黑之業有必定之與不定禍福之報有可轉及於無轉爲德爲咎唯禳可轉之業若賢若愚無移必

定之命夫大善積而災銷衆惡盈而福滅理之必然信而不忒譬如藥石勝而疾除水雨注而焚息巨隄之堰消流蕭斧之伐朝菌但疾處膏肓良藥有所不救火炎原隰滴水固其無解鄧林之木非隻刃而可盡長江之流豈一塊之能塞大德可以掩微瑕微功不足補大咎鐫金石者難爲功摧枯朽者易爲力其業微者報不堅其行堅者果必定不堅故可轉必定則難移可轉之難故三唱息巨海之波難移之厄則四果遇凶人之害劉昆小賢致反風而滅火唐堯大聖遭洪水之襄陵推此而論未足惑矣晉文增德殄長虵於路

隅宋景興言退妖星於天際此不定之業也邾文輕己而利民有德而無應楚昭引災而讓福言善而身凶乃必定之命也或同惡而殊感或善均而報異皆昔因之所致也何足怪之於一生哉孔子曰小人不知天命而不畏又曰不知命無以爲君子佛之所云業也儒之所謂命也蓋言殊而異理會可得而同論焉命繫於業業起於人人稟命以窮通命隨業而厚薄厚薄之命莫非由己怨天尤上不亦謬乎詩云下民之孼匪降自天傳曰禍福無門唯人所召此云天之不可推而責之於人矣孟軻干曾不憾臧倉之蔽仲由仕季無恚

伯寮之讒則謂人之不可責而推之於天矣其言若反其致匪殊要而論之同歸進德克已戒人以勗乾乾之志樂天知命蠲其二惑之尤夫然故内勤克念之功外弘不諍之德上無怨天之咎下絶尤人之累行之中和於是乎在古之善爲道者其從事於斯乎昔者初聞釋典信之不篤拘其耳目之間疑於視聽之外謂前因後果之説筭莊周之寓言天上地下之談類相如之烏有覩姦回之漏網則爲非而不懲聞忠直之逢尤則輕善而無勸甚哉此惑也知業則不然夫達業之君子無私而委命仰聖賢之淸德敦金玉之高行

無悶于陋巷之居忘懷於名利之競所以畢旣
往之餘業啓將來之長慶不顧流俗之嗤毀
豈求鄉曲之稱詠哉夫種植不見其長有時
而大砥礪莫覩其虧終銷厥厚令形善惡之
報爲時近而未孰昔世吉凶之果須數終而
乃謝譬如稼穡作甘不朝種而夕稔蕤蓺爲
剌亦春生而秋實不耕而飽飫者因昔歲之
餘穀不賢而富壽者荷前身之舊福天道無
親踈人業有盈縮由斯以推天命可得除疑
惑矣若夫虞夏商周之典黃老孔墨之言道
唯施於一生言罔及於三世則可惑者有六
焉無辭以通之矣示爲善之利謂爵賞及名

譽陳為惡之害明恥辱與刑罰然逃賞晦名之士以何為利乎苟免無耻之夫不受其害矣何足以為懲勸哉可惑者一也云天與善降之以百祥謂神糺淫加之以六極然伯牛德行而有疾天豈惡其為善乎盜跖凶暴而無殃神豈善其為惡乎何禍福之濫及哉可惑者二也若云罪隨形而並滅功與身而共朽善何慶之可論惡何殃而當戒若善惡之報信有而非無也食山薇以飢死何處而加之福膾人肝而壽終何時而受其禍何善惡之無報哉可惑者三也若云禍福由其祖祢殃慶延於子孫考之於前載不必皆然矣伯

宗羊盼之嗣絶滅於晉朝慶父叔牙之後繁昌於魯國豈祖祢之由乎可惑者四也若云觀善察惡時有謬於上天故使降福流災遂無均於下土然天之明命寧當闇於賞罰乎曾謂天道不如王者之制乎可惑者五也若云禍福非人所召善惡無報於後而百王賞善而刑淫六經褒德而貶過則爲虚勸於不益妄戒於無損何貴孔丘之弘教何咎嬴政之焚書乎可惑者六也然則善惡之所感致禍福之所倚伏唯限之於一生不通之以三世其理局而不弘矣何以辨人之惑乎防於惡也未盡道於善也多闕其取義也尚淺其利

民也猶微比夫十力深言三乘妙法濟四生于火宅運六舟於苦海高下之相懸也若培塿之與崑崙淺深之不類也疋潢汙之與江漢何可同年而語哉昔維摩詰之明達及舍利弗之聰辯經論詳之可得而校足以逾項託超孔丘邁李老越許由伏墨翟摧莊周吞百氏該九流書籍所載莫之與儔然受諸異道不毀正信雖明世典常樂佛法師事釋迦伏膺善誘豈不識其道勝而鑽仰之乎

內德論空有篇第三

或有惡取於空以生斷見無所慚懼自謂大乘此正法所深戒也其斷見者曰經以法喻

泡影生同幻化又云罪福不二業報非有故知殖因收果之談天堂地獄之說無異相如述上林之橘樹孟德指前路之梅園權誘愚蒙假稱珍怪有其語焉無有實矣至如冉疾顏夭以攝養之乖宜彭壽聃存由將衛之有術貴賤自然而殊苦樂偶其所遇譬諸草木區以別矣若蓂莢之表祥瑞連理之應休明名載于竹帛狀圖於丹青此則草木之貴者也若被三徑而易蔓亘七澤而難翦充僕妾之薪蒸被牛羊之履踐此則草木之賤者也若列挺干雲之峯羅生絕跡之地斤斧莫之及樵蘇所不至此則草木之全壽者也若匠

石之所數顧農夫之所務去遭荷蓧之奮鋤值工輸之揮斧此則草木之夭命者也若篠蕩比質於松栢蕙若同氣於蘭芷翠陵寒而不渝芳在幽而不已草木之賢俊者也若蒺藜生而見惡枳棘多而莫美在詩騷之比興以疋姦而喻鄙草木之庸猥者也若乃異皃殊味千品万形壤之所殖胡可勝名何葉而見重何因而被輕何尤而速斃何功而久生何咎而枯槁何福而華榮何習而含毒何修而播馨此豈宿業之所致乎乃自然而万差耳人之殊命蓋亦如是豈由前業使之然哉然則無是無非大乘之深理明善明惡小乘

之淺教愚騃者合眞謹愼者乖道何爲捨惡
趣善而起分別之心乎又嫌佛之說法端緒
太多論空說有自相乖背此是佛鬬衆生耳
何不唯明一種之法乎邪空之說云尒正空
則不然矣苟識空有之理者豈發如是之言
乎此既喻非而傳言僞而辨懼其迷誤後人
增長邪見聊率所聞試論之曰
若夫如夢如幻如響如泡無一法而不尒揔
万像而俱包上士觀之以至聖至聖體之而
獨超大浸稽天而不溺大風偃岳而無飄具
六通而自在越三界而逍遙然理不自了正
觀以照心不自寂靜攝斯調障不自遣對治

方銷德不自備勤修乃饒六蔽既除則眞如可顯三障未滅則菩提極遥故眞諦離垢淨之相俗諦立是非之條指事必假於分别論法豈宜於混淆六度不可爲墜苦之業三毒不可爲出世之橋投谷難以無墜赴火何由不燒堯舜不可比之於昏桀幽厲不可同之於聖堯忠賢不可斥之於萊野邪佞不可昇之於明朝不可反白而作黑不可俾晝而爲宵不可以邪害於正不可持鳳比於梟何得同因果於兎角延罪福於龜毛乎雖引大乘之妙言不得妙之眞致說之於口若同用之於心則異異者何也正法以空去其貪邪說

以空資其愛智者觀空以除恚惑者論空而肆害達者行空而慧解迷者取空以狂悖大士體空而進德小人説空而善退其殊若此豈同致乎良由反用正言以生邪執矣騏驥浮水勤而無功舟檝登山勞而不進豈騏驥舟檝之不善哉但浮水登山用之反也讀淨名離相之典而廢進修誦莊周齊物之言以縱情欲無異策駟馬而泝流擢方舟以登坂望追造父之長驅欲比越人之利涉不亦難乎夫淨名有倩高之德莊周無嗜欲之累故知斷見之論空與無為之道反矣夫妙道之玄致即羣有以明空既觸實而知假亦就殊

而照同其何類也譬如對廣鏡而傍觀臨碧池而俯映衆像粲而在目可見而無實性緣生有而成形有離緣而喪質水過寒而冰壯冰涉温而堅失凡從緣而爲有雖大有其何實故天與我皆虛我與万物爲一菩提不得謂爲有何況羣生與衆術故察於物而非物取諸身而匪身麗天著而皆妄鎮地崇而莫眞言論窮理而無説賓客盈堂而無人艷色絶世而無美瓌寶溢目而無珍善惡殊途而不二聖凡異等而常均尋夫經論之大旨也從緣以明非有緣起以辨非無事有而無妙實義空而匪太虛無人非闚戶之闃無見非

面牆之愚無說非金人之口無體非棘猴之軀無動非山岳之皃無別非雷同之諛無貞非魚目之寶無實非鴈足之書財比夢而莫異色與幻色而何殊猗頓等原憲之產宋里疋平城之姝道智了空而絕縛俗情滯有以常拘人與業報而非有業報隨人而不無天堂類天而匪妄地獄等地而焉虛非同楊雄之假稱玉樹曼都之矯見神居何乃取空言而背旨援卉木而比諸夫夜光結綠之寶南威毛嬙之色人皆見其有而興愛孰能體其空而不染睚眥虆芥之隙青蠅貝錦之讎莫不著其相而興憤尠能比於空而不憾獨謂鄙

行空而不戒善法空而不遵三惑應捨而未悛五德應修而反棄不觀空以遣累但取空而廢善此豈淨名不二之深致莊周齊物之玄旨乎大矣哉至人之體空也證万物之本寂知四大之爲假視西施如行廁比南金于碎瓦五欲不能亂其心四魔無以變其雅智日明而德富惑日除而過寡截手足而無憾乞頭目而能捨八法不生二相万物觀如一馬故能證無上智爲薩婆若如者反得其理也解脱如此失其旨者過患如彼何得爲非而不懼祟邪以爲是夫見舟見水皆非眞諦而將涉大川非舟不濟病體藥性均是空虛而

人由病殞病因藥除犀角鴆毛等類泡沫而飲鴆者死服犀者活淡水醇醪並非眞有而漿不亂人酒能生咎忠順叛逆皆如澗響而叛逆受誅忠順獲賞罪福之性平等不二而福以善臻禍因惡致善惡諸法等空無相而善法助道惡法生障故知万法眞性同一如矣無妨因緣法中有万殊矣空有二門不相違矣眞俗二諦同所歸矣若謂小乘有罪福之言大乘無是非之語似胡越之殊趣若矛相之相拒童子尚著翻覆聖人豈爲首鼠良以道聽而途說遂使謬量而惡取若博考而深思必疑釋而迷愈矣敬惟十力世雄無上

慈父言無不實慈無不普相無不離視無不
覩德無不周過無不去善無不勸惡無不沮
香塗不欣刀割無怒不愛從順不憎違拒福
慧圓滿而靡餘煩惱罄竭而無緒拔三界之
沉溺啓四生之聾瞽空有俱照以相濟眞俗
會通而雙舉務在量病而施藥不可違中而
偏處若夫方等一乘波若八部聖慧之極大
乘之首莫不廣述受持之利深陳毀謗之咎
經又云深信因果不謗大乘何謂大乘之理
都無因果乎夫取相而爲善則善而未精見
相而斷惡則斷已復生若悟善性寂而無作
了惡體空而何斷乃令三障氷銷而寂滅万

德雲集以弥滿智慧如海不可酌之以一蠡
道邁人天豈得闚之以寸管而喻之於檮杌
測之以愚短不亦謬哉夫說空而恣情者不
能無所苦也疾痛惱之則寢不安矣刀鋸傷
之則體不完矣終日不食則受其飢矣無裘
禦冬則苦寒矣然則致苦之業豈可輕而不
避乎夫五福之與六極人情所不能齊也故
居窮而思達處危而求安嬰疾而願愈在慼
而羨歡愛壽考而忌已短折樂世祿而耻形
殘樂加之而欣笑苦及之而憂歎何得雷同
於善惡而不修於福因乎觀万姓之異稟寔
千種而殊級或比上壽而有餘或延下殤而

不及或衣單布而無恙或服重襦而寒入或藉草土而安和或處床褥而風濕或不治而自愈或雖治而不差或無術而體康或善攝而痾集其形之表也均有髮膚之内也府藏奚殊皆含血而包肉並筋連而骨扶何一壽而一夭何一充而一癯稟何靈而獨實受何氣而偏虚虚者不獨埃塵而作體實者豈偏金石以爲軀未必壽長者有毉術齡促者無道書何謂專由攝養不在業乎亦有夭命抱胎受疾嬰孩喜怒未競嗜欲未開未觸冒於寒暑未毀悴於悲哀壽欲何而夭疾何從而來則其所以然者豈非前業之由哉至如漢

昭哀之二主魏文明之兩帝或未三九而登遐或僅五八而捐世術人雲集但致李氏之靈方士如林不救倉舒之逝君王不乏於藥巫醫豈秘其藝何寢疾而弗瘳何促齡而莫繼豈非隨業而感報非道術之所濟乎然經稱施藥之功佛歎醫王之德孔公明慎疾之執老子有攝生之則不信業者既迷不順醫者亦惑能詳因果之深淺乃辨藥石之通塞可究之以智慧難具之於翰墨至如公明辨崇扁鵲除痾河東郭璞譙郡華佗廣陵吴普彭城樊阿或禳凶而作吉或止疾以爲和何得不信醫術之有益乎然景純識加刑之日

而不能使刑之不加公明知壽盡之年不能
令年之不盡扁鵲元化不能使其親不歿吴
普樊阿不能令其躬不殞何得不信長短之
業乎醫由業會藥依緣聚醫實有功藥非無
取必死之病雖聖莫之蠲可療之疾待醫而
方愈竟由業及則僵尸遇冉生之藥命以業
徂則聖醫爲一棺之土壽之脩促體之安苦
隨遭否泰妍媸中區千品万端皆業爲主三
界六趣隨業而處百卉無情故美惡非關於
業報四生有命則因緣不同於草莽斤斧伐
木不驚刀杖加人則懼匏瓜繫而不食羽毛
食而馳騖比有情於無知何非倫而引喻夫

空有略談則率由心業前且詠其生常今則示其正法小乘以依報爲業有大乘以万境爲識造隨幻業而施識之天地逐妄心而現之識草若翳目覩乎空華比睡夢現其生老若悟之於心業則唯聞乎佛道原夫小乘之與大乘如小學之與大學幼唯敎之以書計長乃博之以禮樂始蒙然而類牛毛終卓尒而同麟角此乃爲訓之次序何有異同而可剌良以衆生之根有利有鈍是故聖人之敎或漸或頓或致之於深遠或進之以分寸雖百慮而一致非異道而乖論乃有執空門以反教論大乘而謗小佛不闕衆生衆生自不

了譬闇室之無燭如夜遊而未曉故相剥奪而諠諠競是非而擾擾何以採芙蓉於木末尋吴楚于燕趙不亦謬乎夫一味無以和羹一木無以構室一衣不稱衆體一藥不療殊疾一彩無以爲文繡一聲無以諧琴瑟一言無以勸衆善一戒無以防多失何得怪漸頓之殊異令法門之專一夫法門之多品如藥石之殊功救冷以温物爲用去熱則寒藥宜豐或特宜於禦濕或偏須於止風不可同病而殊藥不可病殊而藥同若守株而必礙能達變而後通何得拘一途而相剥起戰爭於其中乎三世因果佛不誑歎十力勸戒聞當

不疑勸之者應修戒之者宜遠抑凡情之所耽行聖智之所願何得違經論之所明以胷臆而爲斷而謂善惡都空無損益乎夫法眼明了無法不悉舌相廣長言無不實其析有也則一毫爲萬其等空也則萬像皆一防斷常之生尤兼空有以除疾彼菩提之妙理實甚深而微密猒塵勞而求解慧當謹愼而無放佚非聖者必凶順道者終吉勿謂不信有如皎日

廣弘明集卷第十四　亦

蒼旻下音閩天也　氛祲上字音芬浸妖氣也下又子心反　黴黷

音嗶由美善也芟夷上音衫丨丨剪伐也稊荑二字音啼酉似禾之草也縉
紳進申二音上正作搢騏驥上音其下居異丨丨良馬也駿子閭反馬疾步
訾音紫口毀也亦作呰爲疣下于休反正作尤懲過也訕上上所間反謗也
又所諫反切磋下倉何反積稔下汝審反年丨探賾上土含反取也下助
鬲反幽微也索隱上史責反搜丨隱微也覈之上閑啇反考實也蕃
籬幡離二音竹障也卉許見反草也蠲俱玄反除也藜萑上郎伍反
下兄郭反野菜也餧餒乃每反飢丨也下正上課溝壑下呼各反菲薄
上芳尾反丨亦薄也又萊也土梟下古堯反鳥名也洙泗殊四二音水名
出太山夫子訓童蒙之處爽塏下口改反高明也又閑也膏腴高俞二音肥也
擢音濁出也鐫鑄上子全反雕丨也下音注陶丨也繕寫上時扇反賑
恤上軫震二音通呼以財物濟乏謂之丨丨抵避上音底違卜上于非反
矧敢上式忍反況也粢盛上音資祭飯也巇皃上正作巇音拂下音兔巇

裳也冕冠也費饍上方未反耗也下時扇反食也播殖上補个反下常力反

丨丨種也坊墉方容二音八蜡下音乍祭名亦作楷赫弈上許客反下音

亦丨丨明盛之皃諦誑上音決詭詐也蔑不上莫結反無也媢嫉上莫

報反丨姤也曩日上乃黨反昔也日磾下音低人名褊淺上卑展反窄也

齷齪上於角反下楚角反懲惡上音澄犀象上音西丨牛翡翠

上扶未反鳥名修多羅梵云經曰丨丨丨卓詭下過委反異也妄也、診

候上之忍反看脉也候者五日一候棟宇上丁弄反層巢下助交反古帝

架木爲丨丨而居也茹毛上而庶反呂延濟日茹蘊求蘊藉毛羽飲血食肉也粱

宍上音良粟也下肉字通用鉾楯上莫浮反下時尹反合作矛盾衆狙下子余反

葉公上詩葉反苟訾下音紫軌躅上俱水反下直欲反丨丨車跡

作孽下魚結反正作蘖魑魅上丑知反下眉二反魍魎罔兩二音

庾亮上於主反下余向反戴逵下具追反毅魚既反揆求癸反丨度也

闞澤上苦濫反信翮下胡革反羽丨也帶鉀音甲青衿下音今丨
丨童子也穿窬下音俞牆穴也驕倨下音據傲也頑囂下音銀愚也
桀蹠上渠列反下音隻正作路古之賊人也耘稊稗上音云中音蹄下蒲
賣反丨丨丨除草也蠕動上音軟細蟲也嫓疋計反一槩下古愛反剃
髮上他弟反丨削湯恤下思律反殷湯七年大旱燒身祈雨以恤蒸民縑素
上音兼絹也妲己上丁達反紂之后也褒姒上博毛反下音似周幽王后也
羿浞上音詣下助角反並夏之帝王洛汭下而歲反水名篡逆上初患反
姦究下音軌皐繇高搖二音上亦作臯玁狁上語撿反下音尹北狄胡
名亦云獫狁自迭下止作佚夷一反丨蕩也豁然上兄活反理攄下丑
居反舒也祛疾上丘居反除也餧矣正作餒乃每反冉耕上音染夭
矣上於小反少亡也侈侈昌尔反奢也皤皤音婆頭白也淆亂
上戶交反濁也賈誼上古雅反下音義班彪下必休反黍稷上詩呂反

下音即丨五穀惣名也
倉廩 下呂錦反圓倉曰丨
稼穡 嫁色二音
篋笥 上苦帖反下相寺反竹器也圓曰篋方曰笥
機杼 下直呂反織搔也
范滂 下疋忙反
含憤 下房粉反怒氣也
善粹 下私遂反純丨也
咎隙 下丘逆反
赫赫 正作赫許客反丨丨明顯皃
元凱 下口改反
范睢 下七余反
訥 奴骨反謇丨也
伍胥 下息徐反
宰嚭 下披美反
業縻 下密碑反祿也又繫也同
不墾 下音懇耕丨也
巨偍 下音伍丨岸
堰 於建反障水也
涓流 上俱玄反細流也
朝菌 下具殞反一名蕈尋字去聲
膏肓 高荒二音晉景公病盧醫曰巳中丨丨藥石所不至也
原隰 下音習廣平曰原伭下曰隰
一塊 下傾對反土丨
瑕 音遐
鐫 子全反同前
郟文 上音誅
之孼 下魚列反正作孽
孟軻 下苦何反
不憾 下胡暗反恨也
臧倉 上則郎反下作㕣非
勗 許玉反勉也
慼 倉曆反憂丨也
砥礪 音例二音磨石也
飽飫 下於去反丨亦飽也
糺淫 上俱有反
祖祢

下乃禮反羊眄下普惠反襃德上博毛反亦作襃貶過上悲檢反羸
政上音盈秦皇姓培塿上步口反下力斗反小阜曰丨丨潢汚黃烏二音
積水池也泡影上音拋水丨橘樹上俱聿反聃存上他甘反老子名也
蓂莢上莫經反下古帖反瑞草也堯時生於堦每月朔生一葉十六日乃凋一葉晦
而凋盡朔復而所易蔓上羊至反下音万丨草相連負亘古鄧反樵蘇
上自摇反採薪曰樵取草曰蘇荷蓧上胡可反下徒吊反荷擔也蓧盛草器也語云
遇丈人以杖荷蓧今詳集意疑用事誤也篠簜上先鳥反下音蕩篠細竹也簜大竹也蕙若
惠若二音香草名蘭芷下音只丨丨亦香草也渝音俞丨變也蒺藜
疾梨二音草實有刺枳棘上音只下紀力反多刺之木也斃毗祭反丨死也枯
槁下音考愚騃下語買反癡也包必交反含也混淆下戶交反丨濁
也騏驥上音其下居異反同前舟檝下音接泝流上音素逆流也櫂
直教反撥舡丨也亦作棹坂音反小坡也瓌寶上古回反竝也闠戶上傾

弥歹丨視也閒傾覔反丨寂也猗頓上於離反一音倚姝尺朱反美也

曼都上音万矯見上居小反詐也援卉木上音妛丨引也中許鬼反

丨草也毛嬌下音墻女官也睚眥上吾賣反下助賣反嗔目之皃也蕫

芥上丑賣反正作懟丨莽極也尠息淺反少也憾胡暗反恨也悛七全

反丨改也犀角上音西丨牛也鴳毛上直禁反丨鳥以其毛畫酒中飲而必死

醇醨渟勞二音美酒也嵋響上音諌山夾氷目丨首鼠下詩呂反丨丨

伸縮一前一却沮扌呂反丨壞也一蠡下螺字同用大者殸可以爲柡器檮

杬上音桃下吾骨反四亾之一也文選云春秋别名刀鋸下音攄完惠官

反全也下殤下音傷丨二也年十九至十六日長殤年十五至十二日中殤年十

一至八歲曰下殤無恙下反余向反病也重穤下而朱反短樗也一癯

下音衢丨瘦也僅渠鎮反纔也瘵音抽病愈也鶣鷅上蒲犬反丨丨古之

善醫也郭璞下疋角反華他上胡化反下音陁僵尸上音薑正作殭

死而不朽徂在胡反往也伸傴下紆主反背曲皃草莽下緬古反
又母明反匏瓜上步交反同前馳騖下音務闚礙宇放佚下音逸